소심쟁이들이
이기는 협상 전략

Original Japanese title: KIYOWA-SAN·KUCHIBETA-SAN NO KOSHOJUTSU
Copyright © Kosuke Hosaka 2024
Original Japanese edition published by Nippon Jitsugyo Publishing Co., Ltd.
Korean translation rights arranged with Nippon Jitsugyo Publishing Co., Ltd.
through The English Agency (Japan) Ltd. and Danny Hong Agency

소심쟁이들이 이기는 협상 전략

초판 1쇄 인쇄 2024년 11월 11일
초판 1쇄 발행 2024년 11월 18일

지은이 호사카 코스케
옮긴이 안선주
펴낸이 김요셉
책임편집 김요셉
디자인 보통스튜디오
펴낸곳 이사빛
등록 제2020-000120호
주소 서울특별시 서대문구 간호대로 11-31 102호
대표 전화 070-4578-8716
팩스 02-6342-7011
ISBN 979-11-986029-2-3 03320
내용 및 집필 문의 2sabit@naver.com

※책값은 뒤표지에 표시되어 있습니다.
※파본이나 잘못된 책은 구입하신 곳에서 바꿔드립니다.

내편으로 만드는 완벽한 커뮤니케이션

소심쟁이들이 이기는 협상 전략

호사카 코스케 지음
안선주 옮김

이사빛

brrr

시작하며

✳

안녕하세요. 심리 카운슬러 변호사 호사카 코스케입니다.

지금 이 책을 펼친 여러분은 평소에 자신을 '소심한 사람', '말주변이 없는 사람'으로 알고 있지 않은가요?

책 제목이 《소심쟁이들이 이기는 협상 전략》이니 어쩌면 당연할 수도 있겠군요.

먼저 이 책을 선택해 주셔서 정말 고맙습니다. 세상에는 협상술을 다룬 좋은 책들이 셀 수 없이 출판되어 있고 온라인에서도 협상술에 관한 양질의 기사를 어렵지 않게 찾을 수 있습니다. 하지만 그 내용의 수준이 높고 고도의 전략이 필요해서 평소에 우리가 자주 직면하는 협상에서 실천하기에는 어려움이 있습니다.

또 자신의 의견이나 요구를 능숙하게 말하지 못하는 '소심쟁이'나 '말주변이 없는 사람'은 말하는 기술을 중심으로 구성된 협상술을 배워보려고 해도 소심하거나 말주변이 없어서 어렵습니다. 그래서 제대로 실천하지 못하거나 애초에 자신의 기질과 성격에 맞지 않아 '나답게' 협상에 임하지 못하고 소화 불량 상태가 되기도 합니다. 그러나 안심하셔도 됩니다. 소심하고 말주변이 없다고 해서 반드시 협상에서 불리한 것은 아니니까요. 오히려 '소심함'이나 '서툰 말주변'이 협상을 성공으로 이끄는 중요한 요소가 될 수 있습니다.

여러분 주위에도 '소심쟁이'나 '말주변이 없는 사람'처럼 보이는데 의외로 협상을 잘하는 사람이 있지 않나요?

그렇습니다. ①협상 상대를 설득하는 것이 아니라 '협상 상대의 이야기를 귀담아듣고' ②'자신의 내면을 정돈'할 줄 아는 사람이라면 누구나 협상을 성공으로 이끌 수 있습니다.

제 직업은 누구보다 말솜씨가 좋을 것 같은 변호사이지만, 제 성격은 대담하지도 않고 말주변이 좋은 것도 아닙니다. 처음에는 변호사로서 자신감을 가지지 못했던 시기도 있었습니다. 그런 저도 '귀담아듣기'와 '내면 정돈하기'를 실천하면서 협상에 대한 울렁증을 떨칠 수 있었습니다.

이 책에서는 과거의 저처럼 소심한 자신, 말주변이 없는 자신에게 자신감이 없어서 협상에서도 커뮤니케이션에서도 울렁증을 겪는 분들을 위해 '귀담아듣기'와 '내면 정돈'을 중심으로 협상을 성공으로 이끄는 비법을 전달하고자 합니다.

이제 소심쟁이, 말주변이 없는 사람인 여러분 모습 그대로, 협상의 달인이 되어 보기 바랍니다.

2023년 12월 호사카 코스케

목차

제 **3** 장

상대의 마음에 공감하고 의견을 받아들이게 하는 '듣는 법'

제 **4** 장

이겼다고도 졌다고도 느끼지 않게 하는 말투와 전달법

제 **1** 장

협상에서 중요한 것은 '져주는' 기술

소심쟁이나 말주변이 없는
사람도 협상을 잘할 수 있다

여러분이 생각하는 '협상의 달인'은 어떤 사람인가요?

프레젠테이션 능력이 뛰어난 사람인가요? 막힘없이 술술 말할 정도로 스피치에 자신이 있는 사람인가요?

혹은 상대에게 '예스'를 이끌어낼 수 있는 말솜씨와 논리력의 소유자가 협상의 달인이라고 생각하는 사람도 있을 겁니다. 확실히 '협상'이라는 단어에서 연상되는 이미지는 이러한 모습들을 떠올리게 합니다.

그렇다면 자신의 의견이나 요구를 적극적으로 말하지 못하는 소심한 사람이나 말주변이 없는 사람은 협상에서 원하는 결과를 얻을 수 없을까요?

언변이 좋을수록 상대의 의견을 듣기도 전에 자신의 생각부터 말하고 답변을 받아내려는 경향이 있습니다. 한 방향으로 내용을 전달하는 프레젠테이션이라면 문제가 되지 않겠지만, '협상'은 말하는 사람과 듣는 사람 사이의 양방향 커뮤니케이션입니다.

커뮤니케이션 자리에서는 자신의 의견이나 생각을 전달하기만 하는 화법을 구사하면 상대는 그사람을 '내 입장이나 생각은 안중에도 없는 사람', '나를 몰아세우는 사람'으로 평가할 수 있습니다. 그 상태에서는 상대와 더 이상의 신뢰 관계를 구축하기가 힘들어집니다.

협상도 커뮤니케이션의 일종인 이상 협상 상대를 '적'이 아닌 '동료', 나아가서는 '자기 자신'과 동일선상에 두고 이야기를 풀어나가야 합니다. 거기서부터 상대와의 신뢰 관계가 구축되기 시작하면 원활한 합의로 나아갈 수 있습니다.

그만큼 협상에서는 말하는 능력뿐 아니라 '귀담아듣는 능력'과 '전달하는 방법'이 중요합니다.

그런 의미에서 제1장 타이틀의 키워드인 '져주는 기술'은 바꿔 말하면 상대가 흔쾌히 말하도록 유도하는 '들어 주는 기술' 또는 '상대가 말하게 하는 기술'이 될 수도 있습니다.

　대부분의 말하는 사람은 자신의 견해나 마음을 듣는 사람이 이해해주길 바라는 욕구가 있습니다. 상대에게 먼저 질문을 던지거나 적절한 타이밍에 반응하는 충실한 듣는 사람이 되어 이야기를 이끌어내고 인정 욕구까지 채워주면 상대는 만족감을 얻게 됩니다.

　만족감을 얻은 상대는 긍정적 감정을 바탕으로 여러분을 신뢰하게 될 겁니다. 이렇게 신뢰 관계가 구축되면 상대는 여러분의 말에도 귀를 기울이고 원하는 조건도 이해하게 됩니다.

　이처럼 언뜻 '수동적'으로 보이는 자세가 실은 원활한 협상을 진행하기 위한 가장 중요한 요소가 되기도 합니다.

　또 질문을 거듭하여 상대의 감정이나 생각을 파고들면 스스로 알아차리지 못했던 속마음을 무심코 입 밖으로 꺼낼 때가 있습니다. 질문에 대해 답변하는 동안 생각이 정리되었기 때문에 본인도 의식하지 못했던 속마음이 나올 수 있었던 것입니다.

　스스로 알아차리지 못한 속마음을 알게 된 상대는 자기 자신을 더 깊이 이해하고, 속마음을 말할 수 있게 되어 속이 후련해

지는 만족감을 얻습니다. 또 '내가 원했던 것은 실은 다른 것'이었음을 깨달아서 처음에 제시한 조건이나 요구를 더 이상 고집하지 않게 됩니다.

처음에 상대가 제시한 조건이나 요구는 도저히 받아들일 수 없었다면 속마음에서 끄집어낸 요구는 전혀 다른 것일 수도 있습니다.

상대의 속마음과 요구를 알게 되었다면 그중에서 자신이 양보할 수 있는 부분을 일부라도 먼저 인정해 줍니다. 그러면 '반보성의 원리'가 작동하여 상대도 여러분의 의견과 요구를 받아들일 수 있는 상태가 됩니다. 반보성의 원리란 타인에게 무언가를 받으면 보답하고 싶어지는 심리를 말합니다43페이지 칼럼 참조.

실은 이러한 협상은 소심하거나 말주변이 없는 사람이 시도할 수 있는 협상술이기도 합니다.

저는 변호사라는 직업 특성 때문인지 '언변이 좋은 사람'이라는 오해를 사곤 합니다. 그런데 실은 말주변도 없고 대담하지도 않습니다. 특히 막 변호사가 되었을 때는 막힘없이 말해야만 변호사로서 신뢰를 줄 수 있다는 고정 관념까지 있었습니다.

그러다 보니 상대와의 협상은 물론 의뢰자와의 대화조차 내

키지 않을 때가 있었습니다. 다행히도 심리학 스쿨에서 수업을 듣고 신뢰하는 분이 추천해준 책을 읽으며 그동안 품었던 고정 관념을 떨칠 수 있었습니다.

바로 말을 잘하는 기술보다 잘 듣는 기술을 갈고닦는 것이 협상을 성립시키는 데에 효과적이라는 깨달음을 얻은 겁니다.

그리고 어느 순간부터 상대에게 주도권을 넘긴 것처럼 보이지만 실은 내가 주도권을 잡고 나만의 속도에 맞춰 협상을 진행할 수 있게 되었습니다.

대담하거나 언변이 좋지 않아도 협상을 잘할 수 있다는 것을 깨달은 이후로 지금까지 수많은 협상을 타결로 이끌었습니다.

이 책에서는 사람과의 커뮤니케이션에 자신이 없거나 말주변이 없어서 협상 울렁증을 겪는 분들을 위해 제가 그동안 시도해 보고 효과를 확인한 협상 자리에서 활용할 수 있는 스킬과 방식, 생활 습관을 빠짐없이 전해드리려고 합니다.

👀

이 부분이 포인트!

'귀담아듣기'만 해도 협상을 잘할 수 있다.

만족도

● 귀담아듣는 기술을 갈고닦자

소심쟁이나 말주변이 없는
사람은 이야기하는 행위에
부정적인 고정 관념이 있다

소심한 사람이나 말주변이 없는 사람 중에는 평소 대인 커뮤
니케이션에 울렁증을 겪는 사람이 많습니다.

일대일 대화나 많은 사람들 앞에서 이야기하는 것이 서툴러
커뮤니케이션 울렁증을 겪는 사람들은 협상에서도 울렁증을
일으켜 불만족스러운 결과를 초래하기 쉽습니다.

그렇다면 왜 울렁증이 일어나는 걸까요?

대부분의 소심한 사람이나 말주변이 없는 사람은 말하는 행
위에 어떤 종류의 열등감을 가지고 있다고 할 수 있습니다.

예를 들면 다음과 같은 감정이 협상 자리에서 울렁증을 야기

합니다.

- 나는 다른 사람보다 매끄럽고 조리 있게 이야기하지 못한다.
- 내 생각을 전달해도 무시당하는 느낌이 든다.
- 내 생각이나 의견을 말하면 실례가 되거나 싫어하지는 않을지 걱정된다.

이러한 열등감은 주로 과거特히 유소년기에 겪은 쓰라린 경험에서 발현되는 경우가 많습니다.

예를 들면 다음과 같은 경험을 들 수 있습니다.

- 부모와 형제가 자신의 생각이나 의견을 적극적으로 말하는 성향이 아니었다.
- 학교나 동아리 활동에서 의견을 말하면 무시를 당했다.
- 내가 '이렇게 해 달라'고 말하지 않아도 부모가 알아서 먼저 해줬다.

과거에 이러한 경험을 했다면 '타인에게 내 의견을 말하는 것이 아니다'라거나 '나는 타인에게 인정받지 못한다', '내 의견은 말하지 않는 게 낫다'와 같은 부정적 고정 관념이나 신념이 자리 잡게 됩니다.

이로 인해 협상처럼 자신이 이야기해야 하는 상황에 직면했을 때 과거의 경험이나 고정 관념이 무의식중에 떠올라 의견을 말하기 '싫다'거나 '두려운' 감정이 생깁니다.

결국 자신이 정말로 말하고 싶고 전달해야 하는 내용을 충분히 말하지 못해 협상에서 원하는 결과를 얻어내지 못하는 상태에 빠지게 됩니다.

이러한 과정은 '인지 행동 메커니즘'의 작용을 토대로 설명할 수 있습니다.

인간의 인지 행동 메커니즘

①사건→ ②고정 관념·신념→ ③감정→ ④사고→ ⑤행동→ ⑥결과

인지 행동 메커니즘이란 인지 행동 치료에서 사용하는 개념입니다. 사람의 인지와 감정, 행동 등을 분해하여 각각에 변화를 촉진함으로써 스트레스를 줄이고 마음을 편안하게 유지하는 데에 도움을 줍니다.

이 개념을 소심한 사람이나 말주변이 없는 사람의 협상 상황에 적용하면 다음과 같은 메커니즘이 성립됩니다. 구체적인 예를 들어 살펴봅시다.

① 자신의 의견을 적극적으로 말하지 않는 부모나 형제와 함
께 자란 '사건'을 통해

↓

② 타인과 원만한 관계를 구축하려면 자신의 의견을 적극적
으로 말하지 않는 편이 낫다는 '고정 관념·신념'이 형성되었
고

↓

③ 이로 인해 성인이 되어 협상이 필요한 상황에 직면했을
때 자신이 원하는 것을 말하면 싫어하거나 무시당할지도 모
른다는 '감정'의 발현이

↓

④ 자신이 원하는 것은 되도록 말하지 않아야 인간관계를 무
너뜨리지 않는다는 '사고'의 작동으로 이어져

↓

⑤협상 자리에서 자신이 바라는 것은 10분의 1도 말하지 못
한 채 상대가 원하는 것을 들어 주기만 하는 '행동'을 선택한
나머지

↓

⑥결국 스스로 전혀 만족하지 못하는 협상 '결과'를 초래한다

이와 같은 유소년기의 경험은 소심한 사람이나 말주변이 없는 사람이 성인이 되어 협상이 필요한 상황에 직면했을 때 영향을 주기도 합니다.

인지 행동 메커니즘

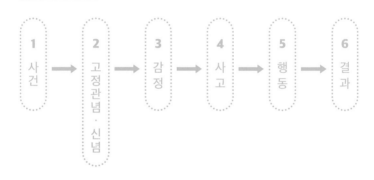

· ·

👀
이 부분이 포인트!

소심하다, 말주변이 없다는 것은 고정 관념일 수 있다.

· ·

소심쟁이나 말주변이 없는
사람이 가장 먼저 해야 할 일

그렇다면 소심한 사람이나 말주변이 없는 사람은 협상에서 원하는 결과를 얻을 수 없을까요?

제 대답은 '그렇지 않다'입니다.

앞에서도 말했지만 협상에서 소심한 사람이나 말주변이 없는 사람이 반드시 불리한 입장에 서는 것은 아닙니다. 오히려 소심한 사람이나 말주변이 없는 사람의 특징을 잘 활용하면 남들보다 더 순조롭게 협상을 이끌어나갈 수 있을 뿐 아니라 스스로 만족하는 협상 결과를 얻을 수 있습니다.

비즈니스로든 사적으로든 협상에서는 반드시 말을 잘하는

사람이 성공하는 것이 아니라 잘 듣는 사람이 순조롭게 타결로 이끌 수 있기 때문입니다. 그 이유는 제3장에서 자세히 살펴보겠습니다.

그러니 소심한 사람이나 말주변이 없는 사람이라면 다음과 같이 자신에게 말해 보세요.

"소심해도 괜찮아"

"소심해도 협상은 성공할 수 있어"

"말주변이 없어도 괜찮아"

"말주변이 없어도 협상은 성공할 수 있어"

이처럼 소심쟁이나 말주변이 없는 사람이 가장 먼저 해야 할 일은 소심함과 서툰 말주변에 대한 평가를 자신 안에서 바꾸는 것입니다. 협상 울렁증은 마음가짐을 바꾸는 것만으로도 단번에 걷어낼 수 있습니다.

막상 마음을 고쳐먹어도 협상 자리에 앉으면 '난 말주변이 없으니 어차피 협상도 흐지부지될 거야'라거나 '난 소심해서 오늘 거래처와의 미팅도 상대 쪽 담당자의 입맛대로 흘러갈 거야. 할 말도 다 못하겠지'라고 체념하는 사람도 있을 겁니다.

만약 자신에게 과거의 경험이나 그 경험으로 부정적 고정 관념, 부정적 감정이 생겼다고 생각한다면 앞에서 소개한 '인지 행동 메커니즘'을 떠올려 보기 바랍니다.

인지 행동 메커니즘

①사건→ ②고정 관념·신념→ ③감정→ ④사고→ ⑤행동→ ⑥결과

①의 '사건' 자체는 바꿀 수 없지만 고정 관념이나 신념, 감정, 사고, 행동, 결과는 바꿀 가능성이 있습니다.

· 사건에 대한 평가가 바뀌면 고정 관념·신념이 바뀝니다.
· 고정 관념·신념이 바뀌면 감정이 바뀔 수 있지 않을까요?
· 감정이 바뀌면 사고가 바뀔 겁니다
· 사고가 바뀌면 행동도 바뀌겠죠
· 행동이 바뀌면 결과가 바뀝니다

즉 과거에 일어난 사건에 대한 평가나 고정 관념, 신념을 바꾸면 감정과 행동이 바뀔 수 있습니다.

앞에서 소개한 '자신의 의견을 적극적으로 말하지 않는 부모나 형제와 함께 자란' 사건을 예로 들어 봅시다. 이 사건에 대한 평가를 '부모나 형제는 자신의 의견을 불필요하게 상대에게 강요하는 사람이 아니었기 때문에 주위 사람들과 인간관계가 틀어지는 일이 없었다'는 식으로 바꿔 보면 어떨까요?

이와 같이 과거의 사건을 다른 각도에서 바라보고 이에 대한 평가나 고정 관념·신념을 바꾸기 위한 심리적 접근을 '게슈탈트 요법Gestalt Therapy'이라고 합니다.

이 게슈탈트 요법을 적용하면 소심함이나 서툰 말주변에 대한 고정 관념이나 감정이 바뀌면서 어느 순간 소심함이나 서툰 말주변을 의식하지 않게 될 겁니다.

결국에는 소심하든 대담하든, 눌변이든 달변이든 개의치 않게 되는 것이죠.

이 책을 읽는 행동 자체가 소심함과 서툰 말주변에 대한 평가를 뒤바꾸는 게슈탈트 요법의 실천이 될 수도 있습니다.

일단은 소심하다거나 말주변이 없다는 부정적 감정을 해소한 다음 거기서부터 협상 울렁증을 극복해 나갑시다.

- -

이 부분이 포인트!

스스로에 대한 부정적 평가부터 바꿔나갈 것

- -

협상에서는 상대를 '인정'하고 요구를 '충족' 시켜줘라

이번에는 여러분 스스로 협상 당사자가 되었다고 상상해 보세요.

협상을 성공으로 이끌고 싶은가요?

물론 성공하고 싶을 겁니다. 당연한 말입니다. 적어도 실패하고 싶지는 않을 겁니다.

왜일까요? 협상에 실패하면 자신이 원하는 것을 얻어내고, 지키고 싶은 것을 지켜낼 수 없기 때문인데요. 그 내면에는 자신이 얻고자 하는 것이나 지키고 싶은 것을 상대가 인정하지 않음에 대한 부정적 감정을 느끼고 싶지 않은 마음도 있습니다.

사람은 '인정'을 갈구하는 존재라서 협상에서도 상대가 자신의 주장이나 요구를 인정해 주기를 바랍니다.

여러분도 한 번쯤 들어 본 적이 있을 정도로 유명한 '매슬로 의 욕구 단계설Maslow's hierarchy of needs'을 토대로 설명을 이어나 가 보겠습니다. 매슬로의 욕구 단계는 다음 그림과 같이 아래 부터 생리적 욕구, 안전 욕구, 사회적 욕구소속, 애정 욕구, 인정 욕 구, 자아실현 욕구로 구성됩니다.

매슬로의 욕구 5단계

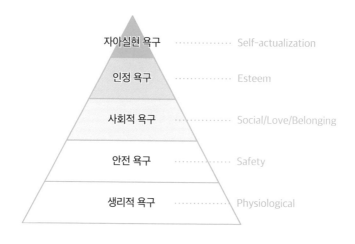

이 욕구들이 충족되지 않으면 인간은 결핍을 느낍니다. 협상 에서도 마찬가지로 이러한 욕구가 채워지지 않았을 때 느끼게

될 결핍을 피하고자 성공을 추구하는 것이죠.

이러한 마음이 드는 것은 협상 상대도 마찬가지입니다. 여러분이 협상에서 성공하고 싶다면 당연히 상대도 성공하고 싶을 겁니다.

서로가 양보하지 않아도 쌍방의 요구나 욕구가 딱 맞아떨어진다면 아무런 문제도 없겠죠. 그러나 실제로 그런 일은 일어나지 않을 겁니다.

그렇다면 서로의 욕구가 부딪힐 때는 어떻게 대처하면 될까요?

자신의 욕구를 관철하기에 급급해서 상대의 '내 욕구도 인정받고 싶다'는 기대와 마음에 귀를 기울이지 않는다면 어떻게 될까요?

상대로서는 여러분이 자신의 기대와 욕구를 부정했다고 느낄 겁니다. 간혹 자신의 욕구를 포기하고 상대의 요구를 받아들이는 사람도 있습니다. 하지만 자신의 욕구를 완전히 무시하는 상대와 앞으로도 함께 하거나 관계를 이어나가고 싶어 할까요?

적어도 그런 상대와 양호한 관계를 유지하고 싶지는 않을 겁니다. 이렇게 인간관계의 한 축이 사라져 버린다면 너무 아쉽지 않을까요?

정리하자면 소심한 사람이나 말주변이 없는 사람이 명심해야 할 협상의 기본은 상대를 확실히 인정하고 그 요구에 공감하여 충족시켜 주겠다는 마음가짐을 전제로 협상에 임해야 한다는 것입니다.

그때 비로소 상대도 자신의 기대와 욕구를 채워주는 여러분의 요구를 헤아리고 채워주려고 협상하게 될 겁니다.

· ·

이 부분이 포인트!

협상 상대를 인정하고 공감할 것

· ·

'져주는 기술'이란 상대를
만족시키는 기술이다

앞에서 설명한 '상대의 기대를 채운다'는 것은 구체적으로 어떤 것을 의미할까요? 상대가 제시한 요구를 무조건 받아들이거나 상대에게 맞춰 주는 모습을 떠올렸나요?

그렇다면 틀렸습니다.

'상대의 기대를 채운다'는 것은 상대가 원하는 대로 들어주는 것이 아닙니다.

여기서 말하는 '상대의 기대를 채운다'는 것은 여러분이 전하고 싶은 생각이나 실현하고 싶은 요구를 말하기에 앞서 상대를 이해하는 태도를 보이는 것입니다. 다시 말해 상대가 바라는 것이 무엇이고, 그 이면에 있는 배경을 이해하는 것입니다. 그러려면 상대의 이야기를 '귀담아듣는' 태도가 전제되어야 합니다.

충실한 듣는 사람이 되어 상대가 말하고 싶은 만큼 말하게 하면 보기에 따라서는 일방적으로 말을 하는 상대가 주도권을 잡아 우위에 있는 것처럼 보이고, 이야기를 듣기만 하는 여러분은 질질 끌려가는 인상을 줄 수도 있습니다.

지금은 그렇게 보인다고 해도 걱정하지 마세요.

협상을 진행할 때는 자신을 알고 상대를 아는 것이 중요하니까요. 자신이 무엇을 원하는지, 상대가 어떤 사람이고 무엇을 원하는지 모르면서 막연하게 협상한다면 서로에게 아무런 도움이 되지 않습니다.

상대가 어떤 사람이고 어떤 생각을 하고 있는지를 알아내려면 상대에게 질문을 던져 보세요. 상대의 이야기에 귀를 기울여 상대의 속마음과 의도가 어디에 있는지에 관심을 가져 보세요.

여러분이 던진 질문에 상대가 답변하면 더욱 구체적으로 질문을 이어나가거나 공감을 표현합니다.

혹은 상대가 말한 내용을 바꿔 말하는 적극적 경청Active Listening128페이지 참조이나 효과적인 침묵, 반응 등을 활용하는 수동적 경청Passive Listening148페이지 참조과 같은 듣는 법을 통해 상대의 속마음과 의도를 찾아 나갑니다.

상대를 깊이 이해하겠다는 마음으로 들으면 상대가 말을 하면 할수록 그리고 여러분이 상대의 말을 들으면 들을수록, 상대는 여러분을 신뢰하게 되어 더 유익한 이야기를 하게 될 겁니다.

이때 상대가 많은 말을 하도록 유도하여 '자신의 의견이나 생각이 수용되고 있음'을 느끼게 하는 것이 중요합니다.

오히려 처음에는 자신의 의견이나 요구를 전혀 말하지 않아도 된다는 생각으로 임해도 괜찮습니다.

듣는 법을 잘 활용하면 상대는 '자신을 이해하려고 한다'고 느끼고 그 점에 만족감을 얻습니다. 상대가 제시하는 조건을 받아들이는 것이 아니라 단순히 이야기를 들어 주기만 하는데도 만족하는 것이죠. 그리고 자신의 이야기를 할 수 있어서 만족한 상대는 듣는 사람인 여러분에게 말로 표현하지 않아도 고마운 마음을 가지게 되어 여러분의 말에도 귀를 기울이게 됩니다.

따라서 '소심하게 보여서는 안 된다'거나 '말주변이 없어서 끌려갈지도 모른다'는 우려에 의욕이 앞선 나머지 무턱대고 하고 싶은 말부터 꺼내지 않도록 주의해야 합니다.

무리하게 행동하면 부자연스러운 모습에 상대가 거부감을 느낄 수도 있으니까요. 결국에는 협상도 삐거덕거리게 되어 탐탁지 않은 결과를 초래할 수 있습니다.

여러분이 무언가를 확실히 전하고 싶다면 그 이야기는 잠시 미뤄두고 일단 상대가 하는 이야기를 잘 들어봐 주세요.

무엇보다 '상대를 충족시키는 것'이 협상을 성공으로 이끄는 지름길입니다.

👀

이 부분이 포인트!

자신의 요구는 나중에 말해도 늦지 않는다.

◯ 자신이 이야기를 하기보다 상대의 이야기를 들어 주자

'준비', '대화', '마무리'를
조금만 바꿔도 협상이
순조롭다

좀 더 구체적으로 설명해 보겠습니다.

협상 과정은 크게 '준비', '대화', '마무리'로 나눌 수 있습니다.

이 각각의 과정에 조금만 다른 관점을 더하면 협상 진행과 결과에 큰 차이가 나타납니다. 자세한 내용은 각각 다른 장에서 다루기로 하고, 여기서는 간략하게 어떠한 방법이 필요한지를 설명하겠습니다.

● 준비…자신을 알아두기

자칫하면 소홀해질 수 있지만, 가장 중요한 과정이 협상에 임하기 전 사전준비입니다.

여기서 말하는 준비는 협상 상대의 정보를 알아두는 것이 아닙니다. 물론 상대에 관한 정보도 중요하지만, 먼저 자기 자신을 알아두는 준비가 중요합니다. 다시 말하면 사전에 '자기 자신이 무엇을 원하는지'를 알아두는 겁니다.

'당연한 말 아닌가'라고 생각하는 사람들도 있겠군요. 그런데 막상 이 준비를 제대로 하는 사람은 의외로 많지 않습니다.

머릿속으로 '갖고 싶다', '얼마에 사고 싶다', '거기에 가보고 싶다', '해줬으면 좋겠다'와 같은 피상적인 바람은 떠올릴 수 있지만, 그 바람들이 진짜 여러분이 원하는 것이라고 단정 지을 수는 없습니다. 따라서 진짜 원하는 것이 무엇인지를 찾으려면 협상 전 단계에서 우선 '자신이 무엇을 원하는지'를 리스트화해 보는 겁니다.

리스트화는 머릿속으로만 떠올리는 것이 아니라 반드시 종이에 적어 보기를 추천합니다. 자신이 원하는 결과나 요구사항을 문자화하면 머릿속을 정리할 수 있을 뿐 아니라 자신이 무엇을 원하는지 확실히 파악할 수 있어 상대에게도 전달력이 높아지는 효과가 있습니다.

이 과정에서 상대의 요구에 양보할 것인지, 양보할 수 있다면 어디까지 가능한지를 명확하게 구분할 수 있게 됩니다.

이와 같이 자신이 원하는 것을 깊이 이해하면 자신이 생각하는 요구의 중요도를 파악하여 감정과 사고를 정리할 수도 있습니다.

이 준비 없이 협상에 임하면 상대의 태도에 유연하게 대응하지 못해 자신의 생각대로 협상이 굴러가지 않게 됩니다. 원활한 협상을 위해서라도 협상 직전까지는 자신이 원하는 것을 리스트화하여 자기 자신을 정돈해 둡시다.

이 부분은 제2장에서 더 자세히 살펴봅시다.

● 대화…듣고 공감하기

대화는 실제 협상에서 상대와 이야기를 나누는 단계입니다. 앞서 설명한 것처럼 대화 중에는 자신의 의견이나 희망, 요구를 우선해서 전하기보다 상대의 이야기를 듣는 쪽에 비중을 둡니다.

이 과정에서는 그냥 '듣기'가 아니라 '귀담아듣기'를 실천하려는 마음가짐을 가져야 합니다. 단순히 상대가 하는 말을 '듣기'만 하는 것이 아니라 말의 이면에 있는 상대의 속마음이나 감정을 살피며 '귀담아듣는' 것이 중요합니다.

협상에서는 아무래도 자신의 요구부터 말하고 싶기 마련입니다. 결과적으로 자신도 말하는 쪽에 의식이 치우치기 쉽습니다.

그럴수록 말하고자 하는 의식을 누르고 적어도 '듣기:말하기'의 비율을 '7:3', 될 수 있으면 '8:2' 정도로 설정해 보세요.

이때 질문을 던져 상대가 원하는 것, 상대의 깊은 곳에 감춰진 속마음을 이끌어내거나 상대의 말 이면에 숨어 있는 감정에 관심을 보여 공감하는 것이 중요합니다.

'귀담아듣고 있다'는 자세가 상대에게 전달되면 상대는 여러분에게 호감을 느끼게 될 겁니다. 그 결과 원활하게 대화가 이어져 자기 자신의 속도를 무너뜨리지 않고 협상을 진행할 수 있게 됩니다. 이 '귀담아듣기'의 방법은 제3장과 제4장에서 더 자세히 살펴보겠습니다.

● 마무리…경의를 담아 압박하기

마무리는 협상 종반에 해당하는 단계입니다. 이 과정을 어떻게 진행하면 협상을 성공시킬 수 있을까요?

마무리 과정에서는 협상 상대를 존중하는 태도를 보이면서도 협상 상대를 심리적으로 어느 정도 압박할 필요가 있습니다.

아마도 대부분의 소심한 사람이나 말주변이 없는 사람은 이 과정을 힘들게 느낄 수도 있을 겁니다. 그렇다면 먼저 다음과 같이 자신에게 말해 보세요.

"나는 마무리 단계에서 협상 상대를 압박해도 된다"

협상은 타결이 되든 결렬이 되든 결론을 내는 것에는 차이가
없습니다. 그 결론을 촉구하는 것이 마무리 단계이므로 필연적
으로 상대를 압박하게 되는 것이죠.

그러니 압박을 해도 됩니다.

나머지는 압박하는 방법에 달렸습니다.

구체적인 방법은 제5장에서 다루기로 하고, 우선 상대에 대
한 배려와 경의를 명심해 두도록 합니다. 상대에 대한 배려와
경의가 바탕이 된 마무리는 상대도 쉽게 납득할 수 있으니까요.

이와 같이 각각의 과정에 필요한 준비를 하고 마음가짐을 바
꿔나가면 보다 극적으로 만족도 높은 협상 결과를 얻을 수 있습
니다. 다음 장에서 살펴볼 내용도 기대해 주세요.

· ·

👀

이 부분이 포인트!

상대에 대한 배려를 잊지 않을 것

· ·

칼럼

'반보성의 원리'란 무엇인가

반보성의 원리란 상대가 호의를 베풀거나 혜택을 제공하여 자신의 욕구를 채워주었을 때 '나도 그에 걸맞은 보답을 해야 한다'는 마음이 드는 심리적 효과를 말합니다.

이 원리는 일상생활이나 비즈니스 등 다양한 상황에서 예시를 찾을 수 있습니다.

예를 들어 SNS에 올린 나의 게시글에 친구가 '좋아요'를 눌러 주었다면 친구가 올린 게시글에도 '좋아요'를 눌러 주는 행동이 일상생활에서 찾을 수 있는 반보성의 원리입니다.

또 볼일이 급해서 편의점 화장실에 들렀다가 뭐라도 사야겠다는 생각이 들었다면 비즈니스에서 반보성의 원리가 작용하는 예시가 될 수 있겠네요. 반보성의 원리는 세부적으로 ①호의의 반보성, ②양보의 반보성, ③자기 개시의 반보성으로 나뉩니다.여기에 '적의의 반보성'이 추가되기도 합니다.

①'호의의 반보성'은 상대가 호의나 친절을 베풀었을 때 답례하고 싶어지는 심리적 효과를 말합니다. 예를 들어 골목에서 마주 오는 차에 길을 비켜 주었더니 상대 차 운전자가 감사의

손짓을 보내는 경우가 있습니다.

②'양보의 반보성'은 상대가 양보해주었다면 다음에는 자신도 양보해야겠다는 생각이 드는 심리적 효과입니다. 예를 들어 합의가 필요한 협상에서 상대가 처음에 원했던 합의금보다 더 낮췄다면 나도 희망 금액을 거기에 맞게 조정하는 겁니다.

③'자기 개시의 반보성'은 상대가 자신의 비밀이나 평소에 남에게 하지 않는 이야기를 들려주면 자신도 본인의 이야기를 털어놓는 심리적 효과입니다. 예를 들어 사교 모임에서 명함을 교환할 때 상대가 '실은 오늘 양말을 뒤집어 신고 나왔다'라고 했다면 자신도 '여기 올 때 지하철을 반대 방향으로 탔다'며 맞장구를 치는 겁니다.

반보성의 원리를 잘 활용하려면 상대가 '이런 게 있으면혹은 이렇게 해주면 좋겠다'고 생각하는 사소한 욕구를 채워주는 호의를 베푸는 것이 중요합니다. 다만 상대가 죄의식을 느낄 정도로 지나친 호의를 베풀면 반보성의 원리가 제대로 작동하지 않을 수 있으므로 주의가 필요합니다.

자신이 원하는 것을
파악하는 '준비' 단계

자신이 진짜 원하는 것을
찾아내라

상대와 협상에 들어가기 전에 자신이 이번 협상에서 '진짜 이루고 싶은 것'이 무엇인지를 찾는 시간을 갖도록 합니다.

제1장에서도 설명했듯이 머릿속으로 생각하는 피상적인 사고를 통해 '갖고 싶다', '얼마에 사고 싶다', '거기에 가보고 싶다'와 같은 요구를 떠올릴 수 있습니다. 하지만 그 요구들이 여러분이 진짜 원하는 것이라고 단정 지을 수 없는 경우도 많습니다.

어쩌면 여러분이 진짜 원하는 것은 피상적인 요구 이면에 숨어 있을 가능성도 있습니다.

일상에서 접할 수 있는 구체적인 예를 들어보겠습니다.

이번 휴가는 친구와 태국에서 보내려고 여행 계획을 짜고 있다고 합시다.

여러분은 한적한 섬에 있는 리조트에서 바다를 즐기며 보내고 싶은데, 친구는 밖에 나가지 않고 호텔에서 느긋하게 보내고 싶어 합니다. 이때 여러분이 실현하고 싶은 요구는 '한적한 섬에 있는 리조트에 가는 것'입니다.

만일 이 요구를 제시하여 친구와 협상을 한다면 어떻게 될까요? 설레던 여행 계획은 합의점을 찾지 못하고 '그냥 따로따로 가자'는 김새는 결론을 맞이할지도 모릅니다.

그런데 사전에 이번 여행에서 자기 자신이 정말로 경험하고 싶은 것이 무엇인지를 찾아보았다면 결과는 달라졌을 수 있습니다.

우선 여러분이 한적한 섬에 있는 리조트에 가고 싶었던 이유가 무엇인지 자신에게 물어보세요.

왜 그곳에 가고 싶다고 생각했고 그곳에 가서 무엇을 하고 싶었는지, 바다에서 수영을 즐기고 싶었는지, 해변에서 여유를 만끽하고 싶었는지 등 이번 여행에서 정말로 경험하고 싶은 것은 무엇인지를 자신에게 질문을 던지며 찾아보는 겁니다.

그 결과 여러분이 한적한 섬에 있는 리조트를 원했던 이유가

'번잡한 곳에서 벗어나 휴식을 취하고 싶다' 혹은 '자연 속에서 힐링하고 싶다'라고 합시다. 그렇다면 여러분이 실현하고 싶은 요구는 '한적한 섬에 있는 리조트에 가는 것'이 아니라 '휴식을 취하고 싶다' 혹은 '자연 속에서 힐링하고 싶다'가 됩니다.

즉 자신이 만족할 만한 포인트가 더욱 추상적으로 설정되는 것이죠.

만일 협상에서 친구가 제시한 안으로 결정되어 여행의 목적지가 한적한 섬에 있는 리조트가 아니게 되더라도 번잡한 곳에서 벗어나 휴식을 취하고, 자연 속에서 힐링한다면 여러분의 요구도 실현할 수 있게 됩니다.

따라서 협상 결과로 얻게 될 만족도는 절대 낮지 않습니다.

이와 같이 협상을 시작하기 전에 협상 도중이라도 괜찮습니다 자기 자신과 대화를 통해 자신이 진짜 무엇을 원하고 무엇을 하고 싶은지를 더욱 심도 있게 찾아내면 자신이 원하는 것이 명확해집니다.

그리고 자신이 진짜 원하는 것을 알아두면 협상을 진행할 때도 유연하게 대응할 수 있게 되어 상대의 요구를 존중하면서 자신의 만족도도 높일 수 있습니다.

저는 의뢰인과 대화할 때 상대가 정말로 원하는 것은 무엇인지를 파고들어 들으려고 합니다.

의뢰인은 '반드시 이렇게 해달라'는 요구를 제시하는 경우가 대부분이지만, 질문을 거듭하여 파고들면 의뢰인 본인도 발견하지 못한 맨 처음에 제시한 조건 이면에 숨어 있는 '기대'나 '요구'가 보이기도 합니다.

사람은 의외로 자기 자신을 잘 알지 못합니다.

일단 자신 안에서 이루고 싶은 것요구이 생기고 나면 그것이 전부인 양 고집하는 사람도 있습니다. 겉으로 드러난 요구에 얽매여 자신이 정말로 원하는 것을 찾지 않는다면 편협한 시야에 갇혀 한정된 선택지만 남게 될 겁니다.

즉 자신이 정말로 원하는 것을 충족시켜 줄 수 있는 선택지를 여러 개 찾으면 상대와의 협상을 순조롭게 이끌어낼 수 있게 됩니다.

진짜 원하는 것을 알고 있을 때와 모를 때의 차이를 이해하셨나요?

자신의 만족도를 최대한으로 높이려면 처음 머릿속에 떠올린 요구를 고집하지 말고 자기 자신과의 대화로 자신이 진짜 원하고 기대하는 바를 깨닫는 것이 중요합니다.

· ·

👀

이 부분이 포인트!

자신에게 질문을 던질 것

· ·

'리스트화'로 진짜
원하는 것을 정리하라

협상에서는 자신이 진짜 원하는 것이 무엇인지를 찾아 두는 것이 중요함을 이해하셨을 겁니다. 이번에는 원하는 것을 찾는 구체적인 방법을 소개하려고 합니다.

앞서 설명한 것처럼 우리는 머릿속으로 처음에 떠올린 생각이 전부라고 믿어 거기서 빠져나오지 못하는 경향이 있습니다.

하지만 하나의 요구를 고집하면 상대가 그 요구와 조금이라도 다른 조건을 제시했을 때 불만을 느끼고 결국 협상 결과에 만족하지 못하게 됩니다.

따라서 자신이 진짜 원하는 것이 무엇인지를 파악하려면 직접 종이에 리스트를 작성하는 방법이 도움이 됩니다.

이때 리스트는 긴 문장이 아닌 항목별로 작성합니다.

우선 맨 처음 떠올린 요구가 실현되면 '그래서 무엇을 얻을 수 있는가?'라고 질문을 던져 보세요. 이 질문에 답변이 떠오르면 빠짐없이 적어 내려갑니다.

다음은 작성한 각각의 답변마다 '그렇게 하면 무엇을 얻을 수 있는가?'라고 다시 질문을 던집니다.

이번 질문에 대한 답변도 찾아서 적습니다. 이 과정을 반복하다 보면 자신이 진짜 원하는 것이 무엇인지에 도달하게 됩니다. 어렵게 생각하지 말고 쉬운 말과 단어로 전부 다 적어 보세요.

만일 아무 생각도 떠오르지 않는다면 먼저 종이와 펜을 가져와 눈앞에 두는 것부터 시작해 보세요. 그러면 생각 스위치가 켜지면서 저절로 생각이나 느낌이 떠오를 수 있습니다.

종이에 적을 때는 '자신에게 솔직해지는 것'이 포인트입니다.

자신과의 대화에서는 '이렇게 적으면 이상할 거야'라거나 '상식적으로 이 요구는 받아들여지지 않을 거야', '이런 요구를 적으면 시시해 보이겠지'와 같은 생각으로 자신의 솔직한 마음에 제동을 걸지 말고 적어 보는 겁니다.

떠오른 생각들을 솔직하게 모두 적는 것이 중요합니다.

아무리 하찮고 사회적 상식과 윤리, 도덕에서 벗어나는 내용이라도 상관없습니다. 아무에게 보여주지 않을 거니까요. 자신의 상식이나 윤리에 신경을 쓰면 애써 찾아낸 속마음이 자취를 감출 수도 있으니 무조건 솔직하게 적어 보세요.

이 단계에서는 리스트를 검토하지 않으므로 일단 적어 보는 것이 중요합니다.

자신의 속마음을 스스로 깨닫지 못하면 진짜 하고 싶은 것이나 바라는 것을 찾을 수 없게 됩니다. 리스트는 남에게 보여주지 않아도 되니 꾸밈없이 솔직하게 적어 자신의 속마음을 이끌어내겠다는 마음가짐으로 작성해 보기 바랍니다.

· ·

👀

이 부분이 포인트!

리스트는 꾸밈없이 작성할 것

· ·

자신의 요구 **이번 태국 여행은 한적한 섬에 있는 리조트에서 지내고 싶다.**

Q 이번 태국 여행을 한적한 섬에 있는 리조트에서 지내면 무엇을 얻을 수 있는가?

A 답변
· 럭셔리한 분위기를 즐길 수 있다.
· 영화 촬영지였던 장소를 구경할 수 있다.
· 심신의 활력을 찾을 수 있다.
· 바다를 멍하니 바라보며 충전할 수 있다.
· 저녁노을을 바라보며 힐링할 수 있다.
· 여행 전에 구입한 수영복을 입을 수 있다.
· SNS에 근사한 사진을 올릴 수 있다.
· 다양한 해산물을 맛볼 수 있다.

Q · 럭셔리한 분위기를 즐기면, 무엇을 얻을 수 있는가?
· 영화 촬영지였던 장소를 구경하면, 무엇을 얻을 수 있는가?
· 심신의 활력을 찾으면, 무엇을 얻을 수 있는가?
· 바다를 멍하니 바라보며 충전하면, 무엇을 얻을 수 있는가?
· 저녁노을을 바라보며 힐링하면, 무엇을 얻을 수 있는가?
· 여행 전에 구입한 수영복을 입으면, 무엇을 얻을 수 있는가?
· SNS에 근사한 사진을 올리면, 무엇을 얻을 수 있는가?
· 다양한 해산물을 맛보면, 무엇을 얻을 수 있는가?

답변

· 럭셔리한 분위기를 즐기면, 나 자신을 소중히 여긴다는 느낌을 받을 수 있다.

· 영화 촬영지였던 장소를 구경하면, 즐거움을 얻을 수 있다.

· 심신의 활력을 찾으면, 다시 돌아가 일을 열심히 할 수 있다.

· 바다를 멍하니 바라보며 충전하면, 일상의 피로를 풀 수 있다.

· 저녁노을을 바라보며 힐링하면, 감동할 수 있다.

· 여행 전에 구입한 수영복을 입은 모습을 주위에 보여 줄 수 있어서 즐거워진다.

· SNS에 근사한 사진을 올리면, 친구들이 '좋아요'를 눌러주어서 기분이 좋아진다.

· 다양한 해산물을 맛보면, 바닷가에 있는 리조트에 온 것을 실감할 수 있다.

원하는 것을 이루면
생기는 단점까지 파악하라

이와 같이 자신이 원하는 것을 리스트화하면 자기 자신이 실현하고 싶은 요구나 조건을 정리할 수 있고, 진짜 원하는 것을 찾을 수 있다는 두 가지 이점이 있습니다. 하고 싶은 것이나 원하는 것을 리스트화했다면 이번에는 그 요구가 받아들여졌을 때의 '장점'과 '단점'도 리스트에 적어 보세요.

장점과 단점을 리스트화하면 자신의 요구가 실현되었을 때 어떤 결과가 예측되는지를 알 수 있습니다.
리스트화를 할 때는 요구가 받아들여지면 나타날 수 있는 '단점'도 고려하는 것이 포인트입니다.

　요구가 받아들여졌을 때의 장점은 비교적 간단히 작성할 수 있습니다. 반대로 원하던 조건이 충족되었을 때 생기는 단점은 좀처럼 떠오르지 않을 수도 있습니다. 보통은 자신이 원하는 것의 이면에 숨어 있는 단점은 깊이 들여다보지 않기 때문이죠.

　그런데 왜 원하는 조건이 충족되었을 때 생기는 단점까지 리스트화해야 할까요? 현재 상황을 자신이 원하는 방향으로 적극적으로 바꾸는 것에 무의식적으로 저항하는 또다른 자신이 있다면 이를 깨달을 필요가 있기 때문입니다.

　예를 들어 지금 사귀고 있는 연인과 헤어지고 싶은데, 주저하게 되는 상황이 이어지고 있다고 합시다. 여기서 관계를 정리하는 경우의 장점과 단점을 살펴봅시다.

　관계를 정리하여 얻을 수 있는 장점으로는 나만의 시간을 가질 수 있다, 나 자신에게 투자할 수 있다는 점이 있겠죠. 단점으로는 상대와 겹치는 지인들이 불필요한 호기심을 보인다, 남들이 지나친 참견을 한다는 점을 들 수 있습니다.

　단점에도 초점을 맞췄더니 관계를 정리하면 남들의 참견을 유발하는 상황이 생길 수도 있음을 걱정하는 자신의 모습을 발견하게 됩니다, 그 상황이 못마땅해서 상대와의 관계를 정리하지 못하고 결국 현실에 안주하는 쪽을 선택했다는 것을 깨달을 수 있습니다.

이와 같이 단점에 초점을 맞추면 자신의 요구를 부정하는 것처럼 느낄 수도 있습니다. 여기서 중요한 것은 자기 자신을 객관적으로 들여다보며 자신이 진짜 원하는 것은 무엇이고, 왜 그것을 원하는지를 아는 것입니다.

장점에만 초점을 맞추면 자기 자신의 한쪽 면밖에 볼 수 없습니다. 장점과 단점 모두에 초점을 맞춰야 비로소 자신이 진짜 원하는 것과 마주할 수 있습니다.

장점과 단점을 리스트화한 후 리스트를 다시 보면 '내가 이런 생각을 했었구나'라며 새로운 발견을 할 수 있습니다.

이쯤에서 다시 친구와의 태국 여행을 계획하는 예시를 떠올려 보세요. 한적한 섬에 있는 리조트에 가고 싶은 여러분이 느끼는 장점으로는 '영화 촬영지였던 장소를 구경할 수 있다', '저녁노을을 바라보며 힐링할 수 있다' 등이 있었습니다.

단점으로는 '외딴섬까지 이동 시간과 비용이 든다' '체력이 떨어져 지친다' 등이 있다고 합시다.

한적한 섬에 있는 리조트에 갈 경우의 장점과 단점

장점	단점
· 럭셔리한 분위기를 즐길 수 있다. · 영화 촬영지였던 장소를 구경할 수 있다. · 심신의 활력을 찾을 수 있다. · 바다를 멍하니 바라보며 충전할 수 있다. · 저녁노을을 바라보며 힐링할 수 있다. · 여행 전에 구입한 수영복을 입을 수 있다. · SNS에 근사한 사진을 올릴 수 있다. · 다양한 해산물을 맛볼 수 있다.	· 외딴섬까지 이동 시간과 비용이 든다. · 체력이 떨어져 지친다. · 물가가 훨씬 높아진다. · 언어가 전혀 통하지 않는다. · 호텔 시설이 떨어진다. · 편의점이 없다. · Wi-Fi가 잡히지 않는다.

여기서 공통의 목적은 '일상의 피로를 풀고 싶다'는 것인데요. 이 목적을 달성하는 것이 중요하다면 한적한 섬에 있는 리조트를 고집하지 않아도 친구가 제안한 바닷가에 자리한 호텔에서 묵으며 피로를 풀 수만 있다면 태국 여행은 충분히 만족할 수 있습니다.

이제 협상은 원만하게 합의에 이를 겁니다.

자신이 원하는 것의 이면에 있는 '진짜 원하는 것'을 이해하면 협상에서도 여유를 가지고 유연하게 대응할 수 있게 됩니다. 그러니 자신의 요구가 받아들여졌을 때 생기는 장점은 물론 단점도 반드시 찾아보길 바랍니다.

👀

이 부분이 포인트!

단점을 찾으면 진짜 원하는 것이 보인다.

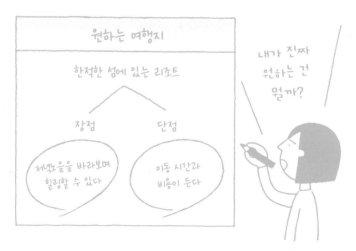

장점과 단점을 정리하면 새로운 발견을 할 수 있다

4

리스트화한 항목을
하나하나 검증하라

앞서 자신이 실현하고 싶은 요구의 장점과 단점을 리스트화할 때 상식이나 윤리에 얽매이지 않고 일단 생각나는 대로 적어보기를 추천했습니다.

생각나는 대로 적은 다음에는 리스트화한 내용을 하나씩 검증할 필요가 있습니다. 이 부분은 이해를 돕기 위해 앞서 소개한 연인과의 관계를 정리하고 싶지만 헤어지지 못하고 주저하는 상황을 예로 들어봅시다. 이 상황도 적절한 협상이 필요해 보입니다.

우선 65페이지에 정리한 것처럼 장점과 단점을 리스트화한 후 각각의 항목을 검증합니다. 단점을 검증할 때는 65페이지 아래 표에 밑줄 친 부분과 같이 '정말로 그러한가?', '편견에 지나지 않는 것은 아닐까?', '그렇지 않을 가능성도 있지 않은가?'라고 허를 찌르는 질문을 던지기도 합니다.

리스트화의 결과가 긍정적이라면 별다른 검증을 거치지 않아도 되지만, 자기 비하나 자책을 하는 부정적인 결과가 나왔을 때는 검증을 거치는 것이 좋습니다.

대부분의 자기 비하나 자책은 단순한 편견일 수도 있으므로 리스트화로 '가시화'한 후 '정말로 그러한가?'라고 검증을 거치면 편견이 해소될 가능성도 있기 때문입니다.

편견이 해소되면 자신이 진짜 원하는 것이 무엇인지가 보다 명확해질 겁니다.

. . . .

👀

이 부분이 포인트!

부정적인 내용은 허를 찔러 검증한다.

. . . .

연인과의 관계를 정리할 경우의 장점과 단점

장점 ~관계를 정리하면 어떤 장점이 있는가~	단점 ~관계를 정리하면 어떤 단점이 있는가~
· 나만의 시간을 많이 가질 수 있다. · 새로운 연인을 만날 수 있다. · 일에 몰두할 수 있다. · 친구와 실컷 술을 마실 수 있다. · 돈을 아껴서 저축할 수 있다. 　…	· 나를 이만큼 이해해주는 사람을 다 　시는 만나지 못한다. · 혼자서 여행을 하면 쓸쓸하다. · 맛집을 찾아도 혼자 갈 수 없다. · 늦은 밤, 이야기를 나눌 상대가 없다. · 사내에 소문이 나서 불편해진다. · 상대가 주위에 내 험담을 퍼뜨린다. 　…

단점 검증하기

장점 ~관계를 정리하면 어떤 장점이 있는가~	단점 ~관계를 정리하면 어떤 단점이 있는가~
· 나만의 시간을 많이 가질 수 있다. · 새로운 연인을 만날 수 있다. · 일에 몰두할 수 있다. · 친구와 실컷 술을 마실 수 있다. · 돈을 아껴서 저축할 수 있다. 　…	· 나를 이만큼 이해해주는 사람을 다 　시는 만나지 못한다. ⇧ 정말로 그렇다고 단정 지을 수 있을 까? 상대는 진정으로 나를 이해해 주었나? · 혼자서 여행을 하면 쓸쓸하다. ⇧ 가족이나 친구와 가도 되지 않을까?

장점 ~관계를 정리하면 어떤 장점이 있는가~	단점 ~관계를 정리하면 어떤 단점이 있는가~
	· 맛집을 찾아도 혼자 갈 수 없다. ⇧ 못 갈 건 없지 않을까? 친구와 가면 되지 않을까? · 늦은 밤, 이야기를 나눌 상대가 없다. ⇧ 친구에게 전화하면 되지 않을까? · 사내에 소문이 나서 불편해진다. ⇧ 아무도 신경 쓰지 않을 수도 있지 않을까? · 상대가 주위에 내 험담을 퍼뜨린다. ⇧ 근거는? 지금까지 그런 일이 있었는가? …

리스트화 이면에
숨어 있는 부정적인 감정을
조절하는 방법

원하는 조건의 장점과 단점을 리스트화해 나가다 보면 부정적인 항목도 나오기 마련입니다. 그 부정적 항목 이면에는 '두려움'이나 '슬픔', '노여움'과 같은 부정적인 감정이 숨어 있습니다.

앞에서도 설명한 것처럼 리스트화 결과에 대해 '그렇게 하면 어떻게 되는데?'라고 깊이 파고들면 감정에 휘둘리지 않을 수 있습니다.

예를 들어 배우자와 이혼 협의에서 남편은 '이혼하고 싶지 않다'는 입장이고 부인은 '이혼하고 싶다'는 입장이라고 합시다.

우선 남편이 원하는 '이혼하고 싶지 않은' 입장의 장점과 단점을 찾기 위해 다음과 같이 리스트를 작성해 보았습니다.

이혼하고 싶지 않은 남편의 입장에서 살펴본 장점과 단점

이혼하지 않을 경우의 장점	이혼하지 않을 경우의 단점
· 결혼 생활을 유지해야 회사나 거래처에서 신용을 잃지 않는다. · 이사 비용이나 가구를 다시 사야 하는 비용을 아낄 수 있다. · 높은 양육비와 위자료를 지불하지 않아도 된다.	· 냉랭해진 분위기 때문에 집에 있기가 불편하다. · 일이 손에 잡히지 않는다. · 다른 이성을 만날 수 없다.

남편은 '결혼 생활을 유지해야 회사나 거래처에서 신용을 잃지 않는다'고 생각하고 있다고 합시다. 다시 말해 '이혼을 하면 회사나 거래처에서 신용을 잃는다'고 생각하고 있습니다.

요즘 시대에는 이혼한다고 해서 회사나 거래처에서 신용을 잃는다는 것 자체가 현실적이지 않지만, 간혹 이런 생각을 하는 사람도 있기 때문에 예로 들어 보았습니다.

그렇다면 '이혼을 하면 회사나 거래처에서 신용을 잃는다'는 리스트 결과의 이면에 숨어 있는 감정은 무엇일까요? 신용을 잃을까 봐 불안하고 겁이 나는 '두려움'이라는 감정일 것입

니다.

여기서 '회사나 거래처에서 신용을 잃으면' 어떻게 될지를 더욱 깊이 들여다보겠습니다.

그랬더니 '직장에서 안심하고 일을 할 수 없게 된다'→'지금 직장을 더 이상 다닐 수 없게 된다'→'재취업 활동을 해야 한다'→'이 나이에 받아 줄 회사를 찾을 수 없다'와 같이 남편이 안고 있는 근본적인 근심에 도달할 수 있게 됩니다.

다시 말해 근심의 밑바탕에 숨어 있는 감정은 '두려움'이나 '당혹스러움'입니다. 혹은 궁핍한 생활을 하게 되지 않을까 염려하는 생사에 대한 공포일 수도 있습니다.

이와 같이 리스트화를 통해 나온 부정적인 내용은 그대로 두지 말고 그 이면에 숨어 있는 감정이 무엇인지까지 찾아봅니다.

자신은 어떤 점을 두려워하고 있는지, 어떤 점을 고민하고 있는지 등 부정적인 감정이 무엇인지 짚어보고 그 감정을 냉정하게 들여다봅니다.

이 과정을 거치면 회사나 거래처에서 신용을 잃으면 안게 될 불안이나 공포, 즉 '두려움'이라는 감정이 의외로 대수롭지 않음을 깨닫기도 합니다.

본인은 노여움이나 슬픔의 감정을 느끼더라도 남들 눈에는 유난을 떨 정도의 일로 보이지 않는 경우가 종종 있습니다.

타인의 입장에서는 사안을 객관적으로 부감할 수 있기 때문이죠. 다시 말해 '가시화'가 가능합니다. 리스트화를 활용하면 바로 이러한 상태를 스스로 만들 수 있습니다. 협상에 들어가기 전에 반드시 활용해 보기 바랍니다.

이와 같이 자신의 감정을 냉정하게 파악하면 그 감정에 휘둘리지 않고 행동을 선택할 수 있게 됩니다.

대부분의 사람은 이 점을 의식하지 않거나 혹은 의식하지 못합니다. 협상 상대도 그렇지 못한 경우가 많습니다.

자신이 원하는 것 깊은 곳에 숨어 있는 속마음과 감정이 무엇인지를 알고 있는 경우와 그렇지 못한 경우에는 협상 결과에도 영향을 줄 뿐 아니라 결과에 대한 설득력에도 큰 차이가 나타납니다.

· ·

👀

이 부분이 포인트!

부정적인 감정은 의외로 대수롭지 않다.

· ·

칼럼

찾아낸 감정을 스스로 인정하기

우리는 감각을 통해 '감정'을 느끼도록 만들어졌습니다. 엄밀하게 말하면 감정이 신체 반응을 일으키는 기능과 신체 반응이 감정을 자극하는 기능이 있습니다.

예를 들어 슬플 때는 가슴이 쥐어짜듯이 아프고 두려울 때는 몸이 떨립니다. 슬픔이나 두려움을 느꼈기 때문에 신체 감각이 일어나는 것인지, 신체 감각이 먼저 일어난 다음 그 감각이 뇌로 전달되어 '슬픔'이나 '두려움'이라는 감정이 생기는 것인지에 대한 해답을 찾는 일은 전문 서적에 맡기기로 하고, 지금 짚어볼 요점은 신체 감각과 감정은 표리일체의 관계라는 겁니다. 따라서 이번 장에서 설명한 리스트화 과정에서는 자신의 감정 상태를 찾기 위해 신체 감각에도 관심을 기울여야 합니다.

'두려움'을 예로 들어 봅시다. 우선 '두렵다'는 감정이 자신 안에 있다고 합시다. 그리고 '두려움'이 신체의 어느 부분에 어떤 감각으로 남아 있는지 집중해 봅니다. 만일 그 감각을 찾았다면 솔직하게 그 감각을 느껴 보세요. 감정과 감각을 느끼도록 허락하고 신체 감각을 통해 느끼는 동안 처음에 안고 있던 감정과 감

각이 점차 줄어들며 어느새 사라질 겁니다. 이를 '감정의 소화'라
고 합니다.

앞에서 예를 들었던 이혼 협의 예시를 떠올려 보세요. 남편은
'이혼하면 회사나 거래처에서 신용을 잃는다'고 생각하고 있습니
다. 이 항목을 더욱 파고들면 '이 나이에 받아 줄 회사를 찾을 수
없다'는 근본적인 근심에 이르게 됩니다. 그리고 근심의 깊숙한
곳에 숨어 있는 감정은 '두려움'이라는 것을 알 수 있습니다. 실
제로 안심하고 일을 할 수 없게 되거나 직장을 더 이상 다닐 수 없
게 되는 일이 벌어질지 말지는 별개로 하고 당장 느껴지는 '두려
움'이라는 감정을 부정하지 말고 받아들이는 겁니다.

'일을 못하게 되면 당연히 두렵지', '두려운 게 당연해'라고 입
밖으로든 마음속으로든 두려움을 느끼는 자체를 스스로 받아들
입니다. 이 감각을 무리하게 억누르거나 느끼지 않으려고 스스로
제어하면 처음 조건을 고집하거나 필요 이상으로 양보하게 될 우
려가 있습니다. 오히려 자신이 진짜 원하던 조건에서 멀어져 만
족할 만한 결과를 얻지 못하게 됩니다. 그만큼 자신의 속마음이
나 본심이 바탕이 된 요구나 조건을 제시하려면 부정적인 감정을
솔직하게 느끼고 소화하는 과정이 중요합니다.

다만 '감정의 소화'를 실행할 때는 마음의 고통이 따를 수도 있습니다. 내용에 따라서도 다르겠지만, 혼자서 감당하기 힘들 때는 무리하지 말고 전문 상담사의 힘을 빌리는 것도 방법입니다.

6

'BATNA'(대안)로
마음의 여유를 가져라

'BATNA'라는 말을 들어 본 적 있나요?

BATNA는 'Best Alternative To a Negotiated Agreement'
의 약자로, 직역하면 '협상이 합의에 이르지 못한 경우 최선의
대안'이라는 의미입니다. 쉽게 말하면 '협상이 성립되지 않거
나 결렬되었을 때 선택할 수 있는 대안'입니다.

흔히 협상할 때는 '협상이 결렬되면 끝'이라거나 '타협을 해
서라도 결렬되는 것만은 막아야 한다'는 비관적인 마음이 될
수 있습니다.

상대가 원하는 조건과 자신이 원하는 조건 사이에 격차가 크

다면 그 정도가 더 심해질 수 있습니다. 또 자신의 요구나 조건을 고집하는 마음이 강할수록 '물러설 수 없다'는 마음이 커지기도 합니다. 그럴수록 협상에서는 유연한 대응이 힘들어지겠죠.

여기서 필요한 것이 'BATNA'입니다. 대안을 준비하려면 우선 자신이 원하는 조건이나 요구를 달성해서 진짜 얻고 싶은 것이 무엇인지를 아는 것이 중요합니다. 바로 그 얻고자 하는 것을 획득할 수 있는 대안을 생각하는 겁니다.

협상이 결렬된 경우 혹은 아직 협상하지 않은 경우를 떠올려 진짜 얻고 싶은 것을 획득하기 위해 다른 선택지가 있는지를 찾아봅니다.

그리고 몇 가지 선택지 중에서 가장 스스로 만족할 수 있는 대안을 협상에 임할 때 가져가는 겁니다.

예를 들어 컨설팅 계약 상황을 떠올려 봅시다.

경영 컨설턴트인 A씨는 그동안 클라이언트 기업인 B사로부터 매달 300만 원을 컨설턴트 비용으로 받아 왔습니다. 그런데 A씨는 자신의 역량이 향상되었으므로 앞으로는 한 기업당 400만 원을 받고 싶어 합니다. A씨 입장에서는 클라이언트 수를 늘리기보다 비용을 올리고 싶은 겁니다.

이 경우 일반적인 협상에서는 비용을 중심으로 서로 양보할 수 있는 지점을 최종 합의점으로 설정하고 진행한다면, 어떤 BATNA를 생각할 수 있을까요?

우선 BATNA를 정할 때는 자신이 무엇(혹은 어떠한 상황)을 진짜 원하는지 관심을 기울이는 것이 중요합니다.

앞에 든 예시 속 컨설턴트는 '자신이 제공하는 향상된 질의 서비스 비용을 월 400만 원으로 책정'하기를 원합니다. 이 경우 BATNA는 B사 이외에 월 400만 원으로 컨설팅 비용을 제공할 신규 클라이언트를 찾는 것이 대안이 될 수 있습니다.

이러한 BATNA를 가지고 있으면 협상이 결렬되더라도 좋은 의미에서 결의를 다질 수 있으므로 B사와의 협상을 성립시키려고 지나치게 고집을 부리지 않아도 됩니다. 또 무리하게 타협하여 상대가 제시하는 안에 맞출 필요도 없습니다.

역량이 향상되었다면 오히려 새로운 고객을 발굴할 기회를 만들 수도 있으니까요.

이와 같이 BATNA를 마련해 두면 협상이 결렬되더라도 자신의 목적을 달성할 수 있는 대안이 있으니 괜찮다, 즉 '지더라도 어떻게든 된다'는 정신적 여유를 가질 수 있습니다. '반드시 협상을 성립시켜야 한다'며 생각지도 않은 양보를 할 필요가 없는 것이죠.

BATNA를 설정할 때는 상대와의 협상에만 치우치지 않는 것이 중요합니다. 협상 상대와의 협의만이 해결책은 아니니까요. 그러니 자신이 진짜 원하는 것을 실현하면 된다는 가벼운 마음으로 BATNA를 찾아둡시다.

물론 협상 상대도 BATNA를 가지고 있을 수 있습니다. 앞서 든 예시에서 B사도 A씨와 월 300만 원에 컨설팅 계약을 유지하지 못하면 다른 컨설턴트에게 동일하거나 더 낮은 비용으로 계약을 의뢰할 수 있습니다. 이처럼 협상 상대의 BATNA를 예상할 수 있을 때는 그 BATNA를 완곡하게 제거하는 것도 효과적입니다.

예를 들면 '국내 유수의 컨설턴트에게 사사하여 도입한 스킬을 귀사와의 컨설팅에도 적용할 예정'이라거나 '한정된 기업을 대상으로 서비스를 제공하려고 한다'와 같이 '이 제안을 거절하면 손해다', '제안을 받아들이는 것이 이득이다'라고 생각하게 만드는 홍보 문구를 마련해 두는 것입니다.

다만 협상 상대가 가진 BATNA를 제거하는 것도 자신의

BATNA가 있어야 가능합니다. BATNA가 설정되어 있으면 심리적 여유가 생겨 상대의 BATNA를 손쉽게 제거할 수 있습니다.

👀

이 부분이 포인트!

반드시 BATNA를 마련해 둘 것

BATNA를 가지고 여유 있게 협상하자

그래서는 안 된다는
금기를 깨라

여러분은 '호불호가 있어서는 안 된다'거나 '사람을 싫어해서
는 안 된다'는 가르침을 알게 모르게 들으며 자라지 않았나요?

집이나 학교에서 배웠을 수도 있고 혹은 옛 선조의 가르침이
알게 모르게 머릿속에 박혀 있을 수도 있습니다. 하지만 특정
한 무언가나 누군가를 아무리 노력해도 좋아할 수 없는 경우도
있지 않을까요?

'생리적으로 받아들일 수 없다'거나 '그 사람의 얼굴, 말투,
행동, 옷차림, 인생관을 좋아할 수 없다'면 어떤 의미에서는 다
른 방도가 없죠. 그런데도 특정한 무언가나 누군가를 싫어하는
것은 금기로 여기거나 특히 겸손한 사람은 '나 같은 사람이 다

른 무언가나 누군가를 싫어할 자격이 있을까'라며 자기비하를
하는 경향이 있습니다.

이와 같은 '싫어해서는 안 된다'는 마음은 협상 자리에서
'타인을 우선시'하는 마음으로 변모하여 상대의 제시를 거절
해서는 안 된다거나 받아들여야 한다는 마음으로 작용할 수
있습니다.

이러한 마음은 자신의 의사나 요구를 협상에 반영하는 데 방
해가 되므로 떨쳐낼 필요가 있습니다.

특정한 무언가나 사람그 사람의 특징을 싫어해서는 안 된다고 자
신에게 금지하는 것은 자신이 진짜로 느끼는 감정을 덮어버리
는 일이나 마찬가지입니다. 완전한 자기 부정이며 자신을 속이
는 일이기도 합니다. 결국에는 자신이 진짜 원하는 것이 무엇
인지도 깨닫지 못하게 됩니다.

그런데 지금까지 여러 번 등장한 '싫다'라는 단어의 어감이
다소 강하다고 느끼는 사람도 있을 텐데요. 이 단어를 '나와는
맞지 않는다'로 바꿔 보면 어떨까요?

사실은 '그 사람 자체'를 싫어하는 것이 아니라 '그 사람이
가진 어떤 특징이 자신과 맞지 않아서 싫은 것'이니 '나와는 맞
지 않는다'라는 말이 더 어울리지 않을까요?

다시 말해 어떤 무언가나 사람이 지닌 특징이 그 당시 자신의 감각과는 맞지 않을 뿐인 거죠.

주의할 점은 '자신과 맞지 않는 것은 가까이하지 말라'거나 '자신과 맞지 않는 사람과는 관계를 맺지 말라'는 의미가 아니라는 겁니다.

어디까지나 '이건 싫어', '나와는 맞지 않아'라는 자신의 감각과 감정을 이해하고 '맞지 않는 것을 가까이할지, 멀리할지' '맞지 않는 사람과 관계를 맺을지, 거리를 둘지'를 스스로 선택할 수 있도록 하는 것이 중요합니다.

만일 '싫어해서는 안 된다'라거나 '호불호는 좋지 않다'라는 고정 관념이 강하다면 일상생활에서 자신이 어떤 점에 혐오감을 느끼는지, 무엇이 나를 불쾌하고 불편하게 하는지를 민감하게 받아들여 보세요.

가능하면 30~50개 정도로 리스트화해 보는 겁니다.

아주 사소한 것이라도 상관없습니다. '○○은 ▲▲이라서 싫다!'와 같이 가능하면 이유가 있으면 좋습니다. 예를 들어 '○○ 씨의 섬뜩한 그 행동이 무서워서 싫다'거나 '△△ 씨의 빠른 말에 휘둘릴 것 같아 두려워서 싫다'와 같은 식입니다.

이렇게 리스트화를 하면 자기혐오에 빠지는 부분도 있을 겁니다. '내가 이런 걸 싫어했다고?'라며 현실을 외면하고 싶어질 수도 있습니다. 하지만 그 사실을 자신의 일부로 인정하는 것이 중요합니다. 상대와 무언가에 화살을 돌리는 것이 아니라 어디까지나 자신 안에서 일어난 '싫다'는 감각에 집중하는 것이 중요합니다. '나는 이런 걸 싫어했구나!'라고 한 발짝 물러나 자신을 바라보는 겁니다.

이와 같이 '누군가를 싫어하는 자신', '무언가를 싫어하는 자신'을 받아들이게 되고 인정하게 되면 더욱더 선택의 폭을 넓힐 수 있습니다.

자신이 좋아하는 것을 선택할 수 있고 '이 부분은 싫지만 다른 부분에 이점이 있으니까 이번에는 한 번 시도해 보자'와 같은 선택도 가능해집니다. 그렇게 되면 보다 여유로운 마음으로 협상에 임할 수 있게 됩니다.

. . . .

👀

이 부분이 포인트!

협상 상대는 좋을 수도 있고 싫을 수도 있다.

. . . .

상대와의 공통점을
찾아라

협상은 자신과는 다른 요구나 조건을 가진 상대와 어떤 합의에 이르기까지의 커뮤니케이션입니다. 따라서 협상에서 자신의 조건이 받아들여지도록 상대와 원활한 커뮤니케이션을 진행하는 것도 중요합니다.

무엇보다 자신과 상대와의 '공통점' 찾기는 효율적인 수단이 될 수 있습니다.

공통점을 찾기만 해도 상대와의 거리감이 좁혀지고 서로에게 친근감이 들어 동료 의식이나 '라포rapport'신뢰 관계가 형성됩니다.

라포가 형성되면 서로가 합의를 향한 길을 모색하려고 할 뿐
만 아니라 인간관계가 맥없이 무너지는 일도 없습니다.

대화 중에 공통점을 찾는 것도 하나의 방법이지만, 가능한 한
사전에 협상 상대의 정보를 찾아 모아 두는 것이 효과적입니다.

저의 경우는 협상 상대가 대리인인 변호사일 때가 많은데,
사전에 상대의 사무소 홈페이지에 게시되어 있는 변호사 소개
를 읽으며 공통점을 찾습니다.

변호사 소개 페이지에는 약력은 물론 취미, 특기와 같은 정
보가 기재되어 있기도 합니다. 이러한 정보를 통해 상대가 어
떤 사람인지를 알고 자신과의 공통점을 찾아내 커뮤니케이션
에 활용하는 겁니다.

상대가 개인일 경우에도 인터넷이나 SNS로 정보를 수집할
수 있습니다. 상대의 출신지나 취미, 약력 등 협상에 들어가기 전
에 정보를 모아 두면 협상할 때 대화의 폭을 넓힐 수 있습니다.

심리학에서 말하는 '유사성의 법칙'이 적용되는 것이죠. 출
신지나 취미 등 자신과 공통점이 있거나 유사점이 있으면 친근
감이 생겨 쉽게 호감을 느끼게 됩니다.

공통점을 찾으면 단시간에 상대와의 거리를 좁히는 데 도움

이 됩니다.

사람마다 반응은 제각각이겠지만, 공통점을 이야기한다고 싫어할 사람은 없습니다. 그러므로 공통점이 있다면 말을 해서 손해 볼 일은 없습니다.

저의 경험을 예로 들어 볼게요. 저는 상대가 먼저 공통점을 말해 주었습니다.

부동산중개소와 협상을 할 때의 일입니다. 당시 원룸 맨션을 팔 계획이었는데, 어디에 의뢰하면 될지 고민하던 중이었습니다. 그때 어느 부동산중개소에서 연락이 왔습니다.

저는 고교 시절 야구선수였고 지금도 야구를 좋아하는데, 상대측 담당자도 고교 야구선수 출신에다가 야구를 좋아하는 분이었습니다. 그분이 먼저 제 사무소 홈페이지를 보고 야구를 좋아한다는 공통점을 찾아 이야기를 꺼낸 덕분에 대화가 무르익어 상대에게 친근감과 신뢰감이 생겼습니다. 참 단순하죠.

그렇게 공통점을 바탕으로 친밀감이 상승하여 만남이 성사되었습니다. 이후 상대의 친절한 대응과 적당한 조건도 그 부동산중개소와 거래를 결정한 이유 중 하나이지만, 애초에 공통점을 알지 못했다면 구체적인 협상까지 이어질 수 없었던 것도 사실입니다.

공통점을 이야기하는 타이밍은 정해져 있지 않습니다. 대화 마지막에 '그러고 보니…'라고 덧붙이는 것도 좋습니다. 그렇다고 반드시 공통점을 이야기해야 하는 것은 아닙니다. 협상은 아무런 공통점이 없어도 충분히 성립될 수 있고 공통점은 약간의 조미료에 불과하니까요.

만일 상대가 대화에 적극적이지 않고 공통점을 찾기 어려울 때는 자기 개시를 시도해 보는 것도 효과적입니다. 자신이 먼저 정보를 꺼내면 상대가 공통점을 찾아줄 수도 있습니다_{자기 개시의 반보성, 43페이지 참조}.

눈앞에 있는 사람이 어떤 사람인지 알 수 없어서 불안한 것은 여러분만이 아니라 상대도 마찬가지입니다. 자신이 어떤 사람인지를 알려 주면 상대도 경계심을 풀고 자신의 이야기를 하게 될 겁니다. 그러는 동안 라포_{신뢰 관계}가 형성되어 우호적으로 협상을 진행할 가능성이 높아집니다.

결과적으로 자신이 원하는 조건이 받아들여져 원하는 협상 결과를 손에 쥘 수 있게 될 겁니다.

이 부분이 포인트!

나부터 먼저 정보를 꺼낼 것

◉ 상대와의 공통점이 있으면 친근감이 생긴다

상대의 마음에 공감하고 의견을 받아들이게 하는 '듣는 법'

1

상식을 배제하고
'상대가 하고 싶은 말'
부터 들어라

여러분은 평소에 직장이나 사적인 자리에서 대화를 하거나 무언가를 협상할 때 상대가 말하는 내용이 '상식과 동떨어져 있다'거나 '도저히 받아들이기 힘들다'고 느낄 때가 있나요?

'시간이 아깝다'거나 '어떻게 말해야 상대를 이해시킬 수 있을지'를 생각하느라 답답하고 조바심이 날 때도 있을 겁니다. 무엇보다 그런 이야기는 길게 듣고 싶지 않은 심정을 저도 잘 압니다.

그럴 때 여러분은 어떻게 대처하나요?

'하지만 일반적으로는 ○○이니까요'라고 말해 상대가 납득하기를 기다리나요? 물론 상대가 이쯤에서 납득한다면 다행이지만, 그렇게 간단히 물러서지는 않을 겁니다.

상대는 자신의 이야기나 생각, 감정, 마음을 알아주지 않는다고 느끼기 때문입니다. 그리고 공감해줄 때까지 같은 이야기를 반복하는 경우가 많습니다. 결국에는 협상 시간을 줄이지도 못하고 상대를 납득시키지도 못합니다.

반대로 상대에게는 '내 말을 전혀 이해하지 못한다'는 불만이 더해져 오히려 문제가 악화되는 경우도 있습니다. 이쯤 되면 여러분도 스트레스를 받게 됩니다.

변호사는 의뢰를 받은 분쟁 안건에 대해 협상을 하는 것이 일상입니다. 분쟁은 이혼이나 상속, 금전 문제 등 분쟁 당사자의 감정이 격하게 움직이는 사안이 많습니다. 따라서 의뢰자 중에는 분쟁 요인이 된 사실관계나 상대방이 제시하는 조건과 주장에 감정적으로 반응하여 막무가내로 상대에게 청구나 주장을 쏟아내야 직성이 풀리는 사람도 있습니다.

이때 일반적인 관점에서 도를 넘는 청구나 주장을 하는 의뢰자에게 '상식에서 벗어나므로 불가능하다'라거나 '그동안의 재판례나 현재 재판 실무를 고려할 때 힘들다'고 말해도 의뢰자는 납득하지 못합니다.

그렇다면 어떻게 해야 할까요? 먼저 상대를 깨우치려고 하기 전에 그 사람이 하고 싶은 말을 '귀담아듣기'만큼 좋은 방법은 없습니다.

들을 때는 상식에 바탕을 두고 가치를 판단하거나 상대를 재단해서는 안 됩니다. 상대가 말하는 피상적인 말에 휩쓸리지 않고 그 이면에 숨어 있는 상대가 느끼는 감정이 무엇인지를 찾는 겁니다. '귀담아듣기' 방법은 뒤에서 자세히 소개하겠습니다.

그리고 때로는 상대가 하는 이야기에 "더 자세히 알려 줄래요?"와 같이 질문을 던집니다. 그럼 상대는 '이 사람은 내 말을 들어 주고 받아 준다. 내게 관심을 가져 준다'라고 느껴 자신의 속마음을 더 꺼내 줄 때가 많습니다.
그럼 결과는 어떨까요?

자신의 이야기를 들어 주었다고 느낀 상대는 여러분의 이야기도 자연스럽게 받아들이게 될 겁니다. 협상에서라면 서로가 납득할 수 있는 해결책과 결론을 이끌어내기 위한 원활한 협의가 가능해지겠지요.

　이처럼 상식을 배제하고 상대가 하고 싶은 말을 들어 주는 것은 대화나 협상을 원활하게 진행하여 시간을 단축시키는 방법이기도 합니다.

👀

이 부분이 포인트!

상식을 배제하고 '귀담아듣기'를 실천할 것

2

이야기를 '듣기'와 '귀담아듣기'의 차이

협상을 할 때는 상대의 이야기를 듣는 법이 매우 중요합니다.

그리고 상대의 이야기를 '듣기'와 '귀담아듣기'의 차이는 하늘과 땅만큼 큽니다. 앞에서도 이야기를 '귀담아듣기'의 중요성을 설명했습니다.

이야기를 '귀담아듣는 법'을 습관화하면 자신이 원하는 결과를 이끌어내는 협상을 만들어나갈 수 있습니다.

그럼 이야기를 '듣기'와 '귀담아듣기'는 어떻게 다를까요?

조금 추상적이지만 상대의 이야기를 '듣는 것'은 여러분이 관심을 가지는 대상이 본인 자신을 향해 있는 것에 반해 '귀담아듣기'는 그 방향이 상대를 향해 있다는 점에서 큰 차이가 있습니다.

조금 더 구체적으로 말하자면 '듣기'는 상대가 발언한 내용을 지금까지 쌓아온 자신의 지식과 경험을 토대로 표면적으로 이해하는 작업인 반면에 '귀담아듣기'는 상대의 발언뿐만 아니라 발언했을 때 상대의 표정, 목소리, 분위기, 말에 녹아 있는 감정, 에너지 등에 관심을 가지고 상대의 상태를 이해하려는 것입니다.

여러분은 어느 쪽이 상대를 공감하며 듣는 법이라고 생각하나요?

단순한 '듣기'보다 '귀담아듣기'가 협상 상대로 하여금 '이 사람은 내 깊은 속마음이나 본심, 감정을 공감하고 인정해 준다'고 느끼게 하여 더 열린 마음으로 많은 이야기를 이끌어낼 수 있지 않을까요?

반대로 그냥 '듣기'만 한다면 경우에 따라서는 자신에게 익숙한 세계관의 범위 안에서만 상대를 이해하려고 한 나머지 자신의 정의감이나 가치관으로 상대를 재단해 버리는 리스크가 발생합니다.

변호사는 사안이 불필요하게 장기화되지 않도록 유사 안건의 판례나 문헌, 서적을 참고하여 사건의 법적 절차를 세워 다툼의 상대방은 물론 의뢰자에게도 전달한 후 협의를 통해 해결을 도모합니다.

하지만 이 과정만으로는 사안의 당사자상대방과 의뢰자를 감정적으로도 납득시킬 수는 없습니다. 더군다나 당사자가 하는 말을 오로지 '듣기'만 하며 사안을 처리하려고 하면 당사자의 감정이 방치되어 협의는 암초에 부딪히고 지지부진한 상태가 이어질 때도 있습니다. 그런데 '귀담아듣기'를 실천하면 당사자는 변호사가 자신의 감정을 공유해 준 것에 심리적인 만족감을 느끼고 냉정을 되찾습니다.

사건의 해결과 감정 처리를 분리하여 생각할 수 있게 되는 겁니다. 그렇게 되면 한쪽으로 치우친 타협이 아닌 진정한 의미에서 협상을 원만하게 마무리할 수 있게 됩니다.

귀담아듣기를 실천하려면 다음과 같은 마음가짐이 필요합니다.

① 일반적인 상식을 고집하지 않는다.

② 자기 자신에게 부족한 부분도 받아들인다자기 수용.
③ 자기 자신이 슬픔, 공포, 불안, 분노와 같은 감정을 품는
것을 허락한다.
④ 시간 단축이나 합리성을 따지지 않는다.

우선 일반적인 상식을 고집하면 협상 상대의 이야기가 조금
이라도 상식에서 벗어나면 협상 상대를 재단하여 더 이상 들으
려고 하지 않게 됩니다.

다음으로 자기 자신에게 부족한 부분도 받아들이게 되면 협
상 상대의 부족한 부분을 받아들이거나 이해하기 위한 토대를
마련할 수 있습니다.

스스로 슬픔, 공포, 분노와 같은 인간에게 내재된 감정을 품
는 것을 허락하면 협상 상대가 비슷한 감정을 품더라도 자연스
럽게 받아들일 수 있습니다. 또 협상 시간을 단축하려고 하거
나 합리적으로 진행하려는 마음을 비워낸 자리에 협상 상대의
마음을 살피는 의식이 자리 잡으면 '귀담아듣는' 자세를 갖출
수 있습니다.

👀
이 부분이 포인트!

'귀담아듣기'로 상대의 마음에 다가설 것

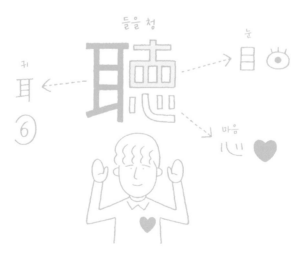

● '듣기'가 아닌 '귀담아듣기'를 실천하자

자신의 득실을
따지지 말고 상대의 말을
귀담아들어라

협상에서는 누구나 자신의 요구나 조건을 상대가 받아들여 주기를 바랍니다. 그리고 실제로 요구나 조건을 말해야만 상대에게 이해받을 수 있고, 자신의 요구를 실현할 수도 있습니다. 따라서 협상의 본질은 자신의 요구를 상대에게 전달하는 것입니다.

그렇다고 해서 자신의 요구만 말하고 협상 상대의 생각이나 마음에는 조금도 귀를 기울이지 않거나 건성으로 듣는다면 어떻게 될까요?

여러분 주위에도 그런 사람이 있지 않나요?

특히 자신의 상황이 절박할 때는 상대의 이야기를 전혀 듣지
않거나 듣는 척만 하고 상대의 이야기에 관심을 보이지 않기도
합니다. 또 이야기를 다 듣지도 않고 자신의 이야기를 하는 사
람도 의외로 많습니다.

당장 자신이 하고 싶은 말부터 하고 이해받기를 원하는 마음
이 앞서기 때문에 상대의 이야기에는 귀를 기울일 수 없게 되는
겁니다.

예를 들어 상가를 빌려준 임대인 A씨가 임차인 B씨에게 월
세 인상을 요구했다고 합시다.

임차인 B씨는 생활비를 절약하며 겨우겨우 월세를 내고 있
는데 갑자기 월세를 올려달라고 하면 곤란하다고 말합니다. 그
런데 임대인 A씨에게도 모든 물가가 상승해서 지금 받는 월세
로는 감당할 수 없는 나름의 사정이 있습니다.

이처럼 서로의 이해가 대립할 때 임대인 A씨가 임차인 B씨
에게 자신의 이해나 득실을 아무리 호소한들 B씨의 생각은 달
라질 리가 없습니다.

오히려 임차인 B씨는 임대인 A씨가 '내 사정을 알아주지 않
는다'는 생각에 관계가 악화될 수도 있습니다. 결국 어느 쪽이
정당한지를 가리기 위해 재판이나 조정 등으로 의견이나 주장

을 다투게 되고 괜한 일로 시간과 돈을 쓰게 됩니다.

어떤가요? 자신의 주장, 생각만 전하려고 하고 상대의 의견에 귀를 기울이지 않으면 결과가 좋지 않은 것은 물론 시간과 돈을 허비하는 등 불만족스러운 결과를 초래할 가능성이 높아집니다.

협상 상대에게는 듣는 사람인 여러분의 그러한 태도가 언어혹은 비언어로 전달됩니다. 그렇게 되면 앞에서도 말했듯이 상대는 '내 말을 들어 주지 않는다', '내게 관심이 없다'고 느껴 여러분의 이야기도 이해하려고 하지 않게 됩니다.

따라서 우선 협상 상대의 이야기를 듣는 것이 중요합니다. 여러분이 먼저 '귀담아듣기', 즉 주는 것이 먼저입니다.

그런데 자신의 이해나 생각을 내려놓고 상대가 하고 싶은 말을 들어 주면 왠지 불안하거나 협상에 지장이 생길 것 같지 않나요?

물론 상대의 주장만 받아들이고 자신의 의견이나 생각은 받아들여지지 않을까 봐 불안한 마음이 들 수는 있겠죠. 하지만 그런 걱정은 하지 않아도 됩니다.

　적어도 여러분이 협상 상대가 하고 싶은 말을 제대로 들었다면 협상 상대도 여러분이 전하고 싶은 말을 제대로 들어줄 테니까요. 그러니 자신의 이해를 따지기에 앞서 상대가 하고 싶은 말을 듣는 것부터 시작해 보세요.

이 부분이 포인트!

상대의 이야기부터 들어줄 것

상대의 이야기를
바로잡으려고 하지 말 것

직장 동료나 지인 중에 이런 사람 한 명쯤 있지 않나요?

누군가의 고민 상담이나 일상에서 일어난 일을 들었을 때 이야기를 한 사람은 원하지도 않았는데 그 사람의 실수나 착각을 지적하고 자신이 옳다고 생각하는 바를 말하거나 함부로 조언하는 사람이요.

저는 20대에 카페 바에서 바텐더 아르바이트를 한 적이 있습니다. 그곳에서 보낸 시간은 다양한 인간 군상을 들여다볼 수 있었던 매우 값진 경험이었습니다.

저녁 시간이 되면 카페 바에는 자주 오는 손님이나 단골손님이 데려온 친구들이 카운터 자리에 앉아 술을 마시며 담소를 나누었습니다.

단골손님들은 주로 퇴근길에 한잔하러 들리기 때문에 매일같이 얼굴을 보는 사이가 되었죠. 오늘 일어난 일을 이야기하거나 TV에서 흘러나오는 뉴스를 화제로 삼기도 했습니다.

단골손님 중에는 어떤 화제에 대한 다른 손님의 이야기를 듣고 "그건 아니지. 원래는 △△이야"라거나 "너는 ○○이라서 안 되는 거야. 그게 아니라 □□ 해야지"라는 식으로 설교에 가까운 조언이나 반응을 하는 사람이 있었습니다. 그것도 매일같이 말이죠. 아니나 다를까 이야기를 듣던 상대 손님도 심기가 불편해 보였습니다.

이러한 행동을 하는 사람은 상대를 위한다는 생각에 지적을 하거나 조언을 한다고 생각하지만, 실은 상대를 위하는 것이 아니라 단순히 자신이 상대에게 도움을 주었다는 만족감을 얻고 싶을 뿐이거나 어떨 때는 상대보다 우위에 서려는 의도에 지나지 않는 경우도 있습니다.

더 노골적으로 말하면 상대에게는 달갑지 않은 호의로 받아들여지는 경우가 대부분입니다.

말하는 사람은 자신의 이야기를 가만히 들어 주기를 바라고 자신의 말에 공감해 주기를 바라는데, 그 마음을 무시하고 단순히 조언이나 지적을 받으면 자신이 이해받지 못했다고 생각할 수 있습니다.

그렇다면 지적이나 조언을 하고 나서 상대를 인정하면 될까요?

생각보다 간단한 일은 아닙니다. 이미 자신이 받아들여지지 않았다고 생각하면 회복에는 시간이 걸리니까요. 나중에 상대를 긍정하는 말을 해도 상대는 여러분의 말이 귀에 들어오지 않는 거죠.

그만큼 시작이 중요한 법입니다.

타인에게 인정받고 싶고 공감해 주기를 바라는 마음은 인간이 지닌 자연스럽고 본능적인 욕구이자 누구나 가지고 있는 욕구입니다. 우리는 내 이야기를 들어 주고 인정해 주면 마음이 흐뭇해집니다.

협상도 마찬가지입니다.

상대가 하는 말을 바로잡으려고 하거나 무턱대고 조언하는 것은 역효과를 불러일으킵니다.

　자신만의 규칙이나 지식, 경험, 정의감을 협상 상대에게 강요하는 말투를 사용하면 상대는 여러분에게 부정적인 인상을 받을 가능성이 높아집니다. 그러한 기색을 여러분에게는 보이지 않을 수도 있겠지만요. 협상 상대는 여러분이 공감해 주고 존중해 주기를 원한다는 것을 명심해야 합니다.

이 부분이 포인트!

상대를 긍정하는 것도 시작이 중요하다.

5

다그치듯이 질문을
쏟아내지 말라

간혹 얘기하다 보면 연거푸 질문을 던지고 혼자서 마음대로 해석하고 납득하는 사람이 있습니다. 저도 그랬던 적이 있고 반대 입장이 되어 본 적도 있습니다.

그 사람은 상대에게 자신이 얻고 싶은 정보만 취하고 상대가 하고 싶은 말, 생각, 감정에는 다가서지 못한 상태입니다. 다시 말해 '귀담아듣기'가 아닌 그냥 '듣기'만 하는 상태라고 할 수 있습니다. 직장 동료나 친구는 물론 듣는 것이 일인 변호사나 카운슬러 중에도 이런 분이 있습니다.

제 실패담을 하나 들려 드릴게요.

변호사가 된 지 5년이 지나 제 사무소를 개업하여 운영하기 시작한 무렵의 일입니다. 당시에는 고문료 등의 고정 수입도 없던 시기라서 열심히 매출을 올리는 데 주력했던 시기이기도 했습니다. 어느 날 불륜 행위의 위자료 청구를 하고자 법률 상담을 신청한 내담자來談者와 면담을 하던 중이었습니다.

저로서는 의뢰를 수락할지 말지, 받는다면 수임료를 얼마로 책정해야 내담자가 납득할지에 온 신경이 쏠려 있었습니다.

그러다 보니 내담자의 심정을 충분히 배려하지 못하고 사건 처리와 관련된 사항만 질문을 이어나갔습니다.

물론 그 질문들은 언제가 해야 할 질문이었지만, 연거푸 질문을 쏟아낸 보람도 없이 결국 내담자는 제게 사건을 의뢰하지 않았습니다.

변호사에게는 수많은 안건 중 하나였지만, 내담자에게는 일생일대의 사건이었을 겁니다. 그러한 관점이 당시의 저에게는 결여되어 있었던 거죠. 의뢰자이기 이전에 한 사람으로서 상대의 심정을 헤아려 들어야 했다고 뒤늦은 반성을 했던 기억이 있습니다.

협상 상대와의 라포신뢰 관계를 형성하려면 협상 상대가 스스로 자신의 생각, 감정, 고민을 말할 수 있는 토대를 다져야 합니다. 정보를 모아야 한다는 생각에 성급하게 이런저런 질문을 던지면 그 토대를 다지는 데 걸림돌이 될 수 있습니다.

특히 비즈니스 상담 자리에서는 소심하거나 말주변이 없는 사람도 조급해질 수 있으니 주의가 필요합니다.

상대의 마음이 어떤지에 관심을 기울인다면 질문이 능숙하지 않아도, 서둘러 정보를 모으지 않아도 괜찮습니다.

상대의 마음에 관심을 기울이면 협상 상대는 분명 여러분이 얻고자 하는 정보를 스스로 이야기하게 될 테니까요.

👀
이 부분이 포인트!

상대의 마음에 관심을 향하게 할 것

쉽게
동의하지 말라

　'의기투합'이라는 말이 있습니다. 말 그대로 의견과 마음이 상대와 일치하여 원활한 커뮤니케이션이 가능한 상태를 말합니다.

　이때는 '저도 같은 의견입니다'라거나 '저도 그렇게 생각합니다'와 같이 동의나 동감을 나타내는 말을 얼마든지 사용해도 상관없습니다.

　하지만 협상에는 다양한 상황이 있습니다.

　쌍방의 의견이나 주장에 큰 차이가 있는 경우, 뒤얽힌 감정이 발단이 된 경우, 상대가 부정적인 감정에 사로잡혀 있는 경우와 같이 원활하게 진척되지 않는 상황도 당연히 있을 겁니다.

특히 사적인 협상이나 본인이 얽혀 있는 비즈니스 협상 등 자신의 이익과 직접 관련이 있는 협상일수록 본인의 의견이나 주장에 집착하게 됩니다. 그러한 상황의 협상일수록 어떻게 하면 잘 진행할 수 있을지를 고민하게 되겠죠.

다음의 예를 살펴봅시다.

디자인 업체 A사는 의류 업체인 K사가 시작하는 신규 사업의 로고 디자인 의뢰를 받았습니다. A사와 K사는 여러 차례 협의를 거쳐 비용과 납기 설정만 남겨 둔 상태인데, 비용과 납기 설정을 협의할 때 K사가 제시한 조건400만 원때문에 A사는 납득이 가지 않는 상황입니다.

A사 : 비용을 조금 올려주실 수 없을까요? 귀사의 요구사항과 납기 시간을 맞추려면 600만 원이 적정하다고 생각합니다.

K사 : 저희는 A사 홈페이지의 견적표를 보고 연락을 드렸습니다. 홈페이지에는 400만 원이라고 기재되어 있지 않나요?

A사 : 물론 홈페이지에는 그렇게 기재되어 있지만, 그 견적표는 보통 ○○ 시간의 작업을 기준으로 작성한 것입니다. 이번

안건은 ◇◇ 시간이 예상되는 안건이라서 600만 원으로 조정
해 주셨으면 합니다.

K사 : 그런 건 홈페이지에 명확히 기재해 두어야 하는 것 아닌
가요? 저희 사장님도 400만 원으로 알고 계신데, 어떻게 설명
해야 할지…….

A사 : 견적표에 대해서는 저도 그렇게 생각합니다. 앞으로 명
확하게 기재하도록 하겠습니다.

이러한 경우에는 협상 상대의 말에 쉽게 동의하거나 동감을
나타내서는 안 됩니다. 쉽게 동의하거나 동감을 나타내면 협상
상대는 '자신의 말에 찬성했다'고 받아들여 나중에 여러분이
회사의 견해를 전달하더라도 '그때는 찬성하지 않았나요?'라
며 협상이 난항을 겪을 수 있기 때문입니다.

또 여러분이 쉽게 협상 상대에게 동의나 동감을 표현했더라
도 협상 상대를 만족시킬 수 있는 것은 아닙니다.

동의나 동감은 자신의 생각이나 마음에 초점을 둔 것에 지나
지 않아 협상 상대의 마음이나 내면에 공감했다고는 할 수 없으
니까요.

앞서 예시에서 '저도 그렇게 생각합니다'라는 문장은 자신이 어떻게 느끼는지가 시점입니다. 즉 상대가 아닌 자신의 생각이나 마음에 초점이 맞춰진 상태인 거죠.

여기시 중요한 것은 동의나 동감이 아니라 '공감'입니다. '공감'과 '동의·동감'은 다릅니다. 공감은 상대의 의견, 심정, 감정에 초점을 맞춘 접근법입니다164페이지 참조.

이 예시에서 보자면 K사의 담당자는 400만 원이라고 알고 있는 사장에게 뭐라고 설명해야 할지 고민하고 있습니다. 그렇다면 이 담당자가 A사 홈페이지에 기재된 견적표에 언짢아하는 것은 피상적 감정이고, 실은 사장에게 핀잔을 들을까 봐 초조해하고 있다고 추측할 수 있습니다.

A사는 K사 담당자에게 "그러게 말입니다. 난처하시겠어요"라고 동조하고 "제가 담당자님 입장이라도 그렇게 생각했을 것 같아요"라고 말하면 공감의 뜻이 전달될 겁니다.

그리고 자신이 제시한 600만 원이 타당한 금액임을 뒷받침하는 자료를 제공하거나 A사가 직접 사장에게 설명하는 등 대응 가능한 방법을 제안할 가능성도 생기게 되겠죠.

이와 같이 협상에서도 동의나 동감이 아닌 '공감'을 바탕으로 대응하겠다는 마음가짐을 가지면 해결의 실마리를 쉽게 찾을 수 있습니다.

👀
이 부분이 포인트!

동의가 아닌 공감을 바탕으로 대응할 것

해결책을 제시하기 전에
상대의 상황을 파악하라

여러분은 비즈니스 협상에서든 사적인 협상에서든 상대에게 여러분의 상황을 충분히 들려주기도 전에 무언가 해결책을 제시받거나 강요받은 경험이 있나요?

이번에는 반대로 여러분이 협상 상대에게 다짜고짜 해결책을 제시하여 협상이 무산된 적은 없었나요?

협상 상대는 무엇보다 여러분이 이야기를 들어 주기를 바랍니다. 그런데 아직 이야기를 충분히 하지 못했고 쌍방이 사안의 정리와 감정의 수습이 되지 않은 단계에서 갑자기 해결책을 제시하면 제시를 받은 쪽은 상당한 거부감을 느끼게 됩니다.

물론 해결책이나 조언을 제시한 쪽은 자신의 경험과 지식을 토대로 이렇게 하면 해결할 수 있겠다는 해결책이 보이기 때문에 "이렇게 하면 되지 않을까요?"라거나 "○○하는 편이 좋겠군요"라고 빨리 전달해서 효율적으로 협상을 성립시키고 싶을 겁니다. 그 마음도 충분히 이해합니다.

반대로 여러분의 제안을 협상 상대가 이해하지 못하거나 떨떠름한 반응을 보이면 '왜 믿지 못하는 걸까', '왜 이해하지 못하는 걸까'라고 답답함을 느낄 수도 있습니다.

예를 들어 일상적인 '고민 상담'이나 '카운슬링' 상황을 떠올려 보세요. 내담자來談者는 우선 상담자가 '자신의 상황을 이해해주기'를 바랍니다. 따라서 상담자는 자신이 가진 해결책이나 조언을 곧바로 제공할 것이 아니라 우선 내담자의 상황을 파악하는 데 힘쓰는 것이 기본자세입니다.

비즈니스나 사적인 협상도 다르지 않습니다. 협상 상황에서는 결국 자신의 생각과 조건, 해결책 제시 혹은 팔고 싶은 상품을 권유해야 하지만, 그렇다 해도 가장 먼저 해야 할 일은 협상 상대의 상황을 파악하는 것입니다.

여러분이 이 자세를 갖추고 있다면 협상 상대가 말하는 내용을 제대로 들을 수 있을 뿐 아니라 '이런 해결책도 있다'며 자신이 가지고 있는 해결책을 협상 상대에게 전할 수도 있습니다.

이 단계를 거쳐야만 협상 상대는 여러분이 제시한 해결책에 관심을 보일 겁니다. 그리고 그 해결책을 수용할 수도 있게 되겠죠.

참고로 협상 상대의 상황을 파악하고 원활하게 해결책을 제시하는 데 큰 도움이 되는 접근법이 바로 '코칭'입니다.

코칭은 상대의 '현재 상황'과 '이상적인 상태'의 간극을 인식하고 그 간극을 메우려면 어떤 수단이 있는지를 상대의 이야기를 들으면서 상대가 스스로 찾고 실행하도록 유도하는 스킬입니다.해결책만 제시하는 것은 티칭입니다.

협상 상대의 현재 상황을 제대로 들은 후 협상 상대가 생각하는 이상향, 원하는 것은 무엇인지와 같은 '이상적인 상태'를 알아내고 그 간극을 인식하도록 돕는 겁니다.

그리고 간극을 메우려면 어떤 방법이 있는지를 협상 상대가 인식하도록 유도합니다. 그 단계에서 수단 중 하나로 해결책을 제시해야 상대가 쉽게 받아들일 수 있습니다.실제 코칭에서는 조언 등을 하지 않습니다.

비즈니스 상담을 할 때도 마찬가지입니다.

고객이 안고 있는 고민, 그 배경에 깔린 감정을 배제하고 오로지 자신의 상품이나 서비스를 해결책으로 제시하고 판매하려고 하면 고객은 자신의 고민이나 감정이 공감을 받지 못했다는 생각에 신뢰를 쌓지 못해 결국 상품이나 서비스 구매로 이어지지 못합니다.

고객이 어떤 점에 부족함을 느끼고 어떻게 해야 만족할지와 같은 이상향을 확실히 파악한 다음 이상적인 상태가 되려면 이 상품이 도움이 될 수 있다는 식으로 해결책을 제시해야 고객은 비로소 '사야겠다'는 결정을 내리게 됩니다.

👀

이 부분이 포인트!

이야기를 듣고 나서 해결책을 제시할 것

잘 들은 다음 해결책을 제시하자

들을 때는
분석하지 말라

협상을 할 때 주로 하는 실수는 협상 상대의 이야기를 들을 때 자신의 주관으로 상대의 이야기를 제멋대로 분석하거나 단정 짓거나 평론하는 것입니다.

개중에는 분석 결과를 협상 상대에게 말하는 사람도 있고 마음속으로 분석과 평가를 마치는 사람도 있습니다.

우리는 인생의 과정에서 다양한 교육, 경험, 지식을 습득하고 자기 나름대로의 가치관, 인생관, 윤리 도덕관을 지니게 됩니다.

그것이 모여 '이것은 이러이러한 것이다'라는 그 사람만의 전제, 규칙이 형성되는 것이죠. 그렇기 때문에 협상 상대가 말한 내용을 자신의 전제, 규칙에 대입하여 상대의 인성이나 인격, 사상을 단정 짓거나 평론하고 재단하는 경향이 있습니다.

예를 들어 협상 상대가 잘 투덜대거나 트집을 잡거나 다소 심술궂은 면이 있는 사람이라고 해볼게요.

우리는 어린 시절부터 '다른 사람을 험담해서는 안 된다'거나 항상 '긍정적으로 사고해야 한다'는 교육을 받아 왔습니다.

그래서 협상 상대의 불평이나 트집을 잡는 발언, 부정적인 말끝에 과도하게 반응하여 '이 사람은 좀 성가신 타입이군'이라고 판단을 내리거나 '이 사람은 ▲▲이라고 생각하고 있으니까 □□이라는 결론이 나는 거야. 잘되지 않는 건 이 사람의 그런 면이 원인일 거야'라고 분석하거나 평가하기 쉽습니다.

구체적인 예로 유산 분할 의뢰인인 A씨와 변호사의 대화를 살펴봅시다. 둘의 입장은 수임자^{변호사}와 위임자^{A씨}이지만 앞으로 어떻게 사건을 처리할지 둘 사이에 나누는 이야기는 협상에 해당합니다.

실업가인 A씨는 그동안 쭉 부모님을 보살펴 왔습니다. A씨는 사건의 상대방인 여동생 B씨와 사이가 좋지 않고, B씨가 자신과 같은 상속분의 비율을 주장하는 것에 납득할 수 없다며 변호사 앞에서도 B씨에 대한 불만을 토로합니다.

"예전부터 B는 뭐든지 남에게 시키고 빈둥거렸어요. 그런 주제에 자기 몫은 야무지게 챙기려고 하네요"라고 변호사에게 말하죠.

이 말을 들은 변호사는 'A씨의 이런 성격이 형제 사이를 멀어지게 만들었군'이라고 단정 짓거나 분석하기 쉽습니다.

이렇게 생각이 흘러가면 "A씨의 심정은 알겠지만, 부모님을 보살펴 왔다고 해서 A씨의 몫을 B씨보다 많이 분할할 수는 없습니다. 이번에는 기여분도 인정되지 않으니 균등 비율로 나눠 유산 분할 협의를 조속히 마무리합시다"라고 형식적인 조언이나 제시를 할 수밖에 없겠죠.

결국 A씨는 '변호사가 내 마음을 알아주지 않는다'는 생각에 신뢰 관계를 구축하지 못하고 정신적으로도 협의 결과에도 만족하지 못하는 결말을 맞게 될 겁니다.

이와 같이 자신의 주관으로 상대의 상황을 제멋대로 판단하면 상대의 이야기에 귀를 기울일 수 없게 되고 공감도 할 수 없게 됩니다. 듣는 사람의 이러한 태도를 느낀 협상 상대도 자신의 생각이나 고민, 느끼는 바를 전할 수 없게 됩니다.

그렇다고 자신의 주관을 가져서는 안 된다고 말하려는 것이 아닙니다. 상대의 이야기를 듣고 '그렇게 될 법도 하지'라고 분석하게 될 수도 있습니다.

다만 가장 중요한 것은 협상 상대와의 라포^{신뢰 관계}입니다.

상대의 이야기에 단정이나 분석, 평가를 하면 협상 상대가 자신이 안고 있는 고민과 생각, 느낌을 털어놓게 하는 데에 방해가 될 수밖에 없습니다.

이 점을 머릿속에 새기고 이야기를 이끌어나가길 바랍니다.

단정, 평가, 분석을 삼가고 상대의 이야기와 그 배경에 관심을 돌려 협상 상대의 이야기를 들으면 상대는 흡족한 마음을 얻게 되고 신뢰 관계도 굳건히 유지될 것입니다.

이 부분이 포인트!

단정은 협상을 방해한다.

억지웃음이나 농담으로
넘어가지 말라

협상 상대가 진지한 이야기를 할 때 웃음이나 농담으로 회피하려는 답변 태도를 보이는 사람도 있습니다.

소심한 사람일수록 웃어넘기려는 경우도 있을 겁니다. 당연한 말이지만 이러한 대응은 타인의 이야기를 듣는 법으로는 적합하지 않습니다.

상대는 듣는 사람이 그러한 반응을 보이면 '내 얘기를 제대로 듣고 있을까', '이런 사람을 믿을 수 있을까' 하며 불안해지거나 '무시당하는 느낌이 든다'며 기분이 상할 수도 있습니다.

거기서부터 협상 상대와의 신뢰 관계가 무너지면 이후의 협상은 물론 커뮤니케이션조차 할 수 없게 됩니다.

결과적으로 비즈니스에도 큰 타격을 주게 될 겁니다.

애써 마련한 협상 상대에게 정보를 제공받을 기회까지 놓치고 말겠죠.

협상 상대의 이야기에 웃음이나 농담으로 반응하는 사람은 협상 상대가 꺼내는 화제를 어떻게 받아들이고 해결해야 할지 몰라 난처한 나머지 그렇게 대응했을 가능성이 있습니다.

중요한 것은 협상 상대와의 감정 공유이지 듣고 있는 여러분이 협상 상대가 안고 있는 문제를 반드시 해결해야 하는 것은 아닙니다. 그런데도 협상 상대가 전하는 문제를 해결할 수 없는 사태에 맞닥뜨리지 않으려고 농담이나 웃음으로 회피하는 것이죠.

혹은 '분위기가 무거워서', '분위기를 밝게 만들려고' 농담이나 웃음으로 반응하는 경우도 있습니다.

변호사가 된 지 1년차가 되었을 때의 제 이야기를 해볼게요.

변호사가 되기 전까지 저는 음식점 아르바이트를 한 적은 있었지만, 회사 생활이나 사무직 아르바이트를 한 적은 없었습니다.

처음 저를 고용해준 변호사 사무소에서 담당한 사건이 제 인생 첫 사무 경험이었던 거죠. 그 법률 사무를 진행할 때 사건 의뢰자와 몇 차례 전화로 이야기를 나눌 기회가 있었습니다.

실무 경험도 없고 다루는 분야의 지식이나 경험도 전혀 없는 상태여서 의뢰자의 질문이나 상담에 매번 허둥대곤 했습니다.

어느 날 앞으로의 진행 방법을 절충하기 위해 의뢰자와 이야기를 한창 나누던 중 의뢰자의 질문에 답변하면서 저도 모르게 '피식' 코웃음이 나와 버렸습니다.

그전에도 여러 번 코웃음을 반복했었는지 참다못한 의뢰자에게 '코웃음은 치지 말아 달라'는 말까지 듣고 말았죠. 그런 일이 변호사 1년차일 때 두 번 정도 있었던 걸로 기억합니다. 지금 생각하면 정말 부끄러운 이야기입니다.

그러니 무리하게 웃는 얼굴로 협상 상대를 대하려고 하지 마세요. '부드러운 분위기를 만들어야 한다'거나 '밝은 분위기를 만들어야 상대도 흔쾌히 받아들일 것'이라는 생각에 사로잡혀 억지로 웃는 얼굴을 만들면 협상 상대에게 '위축되어 보인다' '불안해 보인다'는 인상을 줄 수 있습니다.

협상 상대에게 그런 인상을 심어주면 상대가 주도권을 잡게 될 수 있으므로 주의해야 합니다.

　물론 자연스럽게 웃는 얼굴이라면 괜찮습니다. 듣는 사람은 일부러 상황의 분위기를 밝게 만들려고 애쓰지 말고 자신의 본분에 충실하면 되는 겁니다.

· ·

👀

이 부분이 포인트!

타인의 이야기는 담담하게 들을 것

· ·

10

'귀담아듣기'를 실천하려면 '적극적 경청'을 활용하라

지금까지는 협상에서 '귀담아듣는 법'과 함께 '바람직하지 않은 듣는 법'을 설명했습니다.

그럼 구체적으로 협상 상대의 이야기는 어떻게 들으면 될까요?

지금부터는 효과적으로 듣는 법 중 하나인 '적극적 경청'을 알아봅시다. 적극적 경청은 영어로 액티브 리스닝Active Listening 이라고 하며 액티브Active에는 '적극적, 능동적'이라는 의미가 있습니다.

　적극적 경청을 한마디로 말하면 협상 상대에게 '이 사람은 내 말을 이해하고 있다. 공감하고 있다'고 느끼도록 작용하는 방법입니다.

　이 듣는 법을 활용하면 협상 상대는 여러분의 이야기에도 귀를 기울이게 될 뿐 아니라 여러분과 우호적으로 협상을 성립시키려는 마음을 가지게 될 겁니다.

　다음의 세 가지 상황을 통해 더 자세히 살펴봅시다.

　참고로 바람직하지 않은 듣는 법에는 ✖, 적극적 경청의 예시에는 O가 표시되어 있습니다.

● 잠재 고객인 A사와 변호사의 대화

A사 사장 : 지금 저희 회사의 고문 변호사인 변호사 B는 연락이 잘 닿지 않는 분이라 곤란할 때가 있어요. B선생도 바쁘시겠지만, 우리도 빨리 답변을 받고 싶은데 말이죠.

변호사 C :

✖ 연락이 잘되지 않는 변호사에게는 일을 맡기지 않는 게 좋아요. 당장 변호사를 교체하는 게 귀사를 위하는 길입니다.

O 현재 고문 변호사와 연락이 잘 안 되시는군요. 급하게 일을 처리해야 하는데 고문 변호사가 신속하게 대응해 주지 않으

면 상당히 불안할 것 같습니다.

● 납기 협상에서 A사와 B사의 대화

A사 : 주요 거래처에서 상품 출시 일정을 앞당겨 달라는 요청을 받았는데, 당초 6월 6일 납기를 6월 1일로 5일만 앞당겨 주실 수 있을까요?

B사 :

❌ 당사의 인력이나 설비로는 6월 1일까지 마무리하기가 힘들 것 같아요. 본래 예정된 기한대로 어떻게 안 될까요?

⭕ 거래처에서 출시를 앞당겨 달라는 요청이 있었군요. 주요 거래처의 요청이라면 들어주고 싶은 마음은 충분히 이해합니다. 일단 당초 예정된 인력과 사용 설비로 6월 1일까지 마무리할 수 있을지 협의해 볼까요?

● 부부간의 사소한 협상

아내 : 이번 월요일에 출근할 때는 내가 차를 가져가고 싶은데. 그날은 핼러윈 데이라서 전철도 붐빌 것 같고 비 예보도 있어서 이동하기가 힘들 것 같거든.

남편 :

❌ 흠, 그날은 골프 약속이 있어서 내가 차를 쓴다고 했잖아.

어쩔 수 없으니 참아.

○ 핼러윈 데이구나. 비까지 오면 전철 안이 더 붐비겠네. 그런
데 그날은 골프 약속이 있어서 차를 쓴다고 이미 얘기했는
데, 어찌지.

바람직하지 않은 듣는 법과 적극적 경청을 비교해 보니 어떤
가요?

적극적 경청의 세 가지 포인트

1 상대가 한 말을 '반복하기'

2 상대가 한 말을 '정리하기'

3 상대의 '마음과 감정 살피기'

적극적 경청의 의미를 어느 정도 이해하셨나요?

바람직하지 않은 듣는 법의 예시를 비교해 보니 어느 쪽이
상대의 기분을 유쾌하게 하는 방법인지가 확실하게 보였을 겁
니다.

적극적 경청의 핵심은 다음 세 가지입니다.

① 협상 상대가 한 말을 '반복하기'

② 협상 상대가 한 말을 '정리하기'

③ 협상 상대의 '마음과 감정 살피기'

①과 ②는 협상 상대에게 '당신의 이야기를 이해했습니다'라고 전달하는 방법입니다.

단순히 앵무새처럼 그대로 따라 하는 화법도 나쁘지 않지만, 들은 내용을 정리하여 말하면 상대는 더 '잘 들어 주고 있다'고 실감할 수 있습니다. 정리하기가 여의치 않을 때는 앵무새 화법을 사용해도 됩니다.

여기에 ③을 더해 이야기의 이면에 숨어 있는 협상 상대의 마음과 감정을 살피는 자세를 전달하면 더욱 효과적입니다.

협상 상대가 고민할 때나 부정적인 상태에 빠졌을 때, 상담 등 비즈니스 협상을 할 때 적극적 경청은 매우 효과적입니다.

상대에게 의견을 말하거나 조언을 하지 말라는 뜻이 아닙니다. 우선 협상 상대의 마음을 살펴 공감하고 있음을 나타내는 태도를 보이면 상대는 더욱 원활하게 여러분의 생각이나 요구에 귀를 기울여 줄테니까요.

　　듣는 사람이 적극적 경청을 하면 상대는 자신의 고민을 해결하거나 무언가 결론을 낼 때 자신에게 주도권이 넘어왔다고 느끼는 경향이 있습니다. 반대로 듣는 사람이 의견이나 조언을 강요했을 때는 주도권을 뺏겼다고 느낍니다.

　　이렇듯 적극적 경청은 협상 상대의 인정 욕구를 충족시킬 수 있는 효율적인 방법이기도 합니다. 협상뿐 아니라 생활 속에서 언제든 실천할 수 있도록 합시다.

👀

이 부분이 포인트!

'반복하기', '정리하기', '마음 살피기'

11

상대가 한 말을
'반복하기'

앞에서 적극적 경청의 세 가지 핵심은 ①협상 상대가 한 말을 '반복하기', ②협상 상대가 한 말을 '정리하기', ③협상 상대의 '마음과 감정 살피기'라고 했습니다.

지금부터 세 가지 핵심을 차례차례 살펴봅시다. 먼저 ①협상 상대가 한 말을 '반복하기'입니다.

왜 협상 상대가 한 말을 반복하는 것이 중요할까요? 협상 상대가 한 말을 반복하면 '이 사람듣는 사람은 내 이야기를 귀담아 듣고 있다'고 상대를 안심시킬 수 있기 때문입니다.

'그렇게 쉽게 효과를 볼 수 있다고?'라고 의심하는 사람도 있겠지만, 의외로 쉽게 가능합니다. 협상에서 가장 중요한 요소가 공감이니까요.

협상 상대가 한 말을 반복하고 협상 상대의 마음과 감정이 어떤지를 의식하며 이야기를 듣기만 해도 상대는 만족하게 될 겁니다.

이렇게 간단한 방법이 있는데도 제대로 실천하는 사람은 많지 않은 것 같습니다.

이유가 뭘까요?

어쩌면 상대에게 '뭐든 도움이 되는 말을 해야 한다'거나 '만족할 만한 말을 해야 한다', '내가 가진 해결책으로 이 사람을 올바른 방향으로 이끌어야 한다'와 같은 터무니없는 사명감이나 인정 욕구와 비슷한 마음이 깔려 있기 때문일 수도 있습니다.

그러나 앞에서도 설명했듯이 이러한 마음으로 협상 상대에게 해결책을 제시한다면 그 말들은 상대에게 닿지 못하고 겉으로 빙빙 돌기만 할 겁니다.

그 해결책에는 상대를 공감하는 마음이 빠져 있기 때문인데요. 쉽게 말하면 자기만족을 위해 타인의 이야기를 듣고 있는

셈인 거죠.

어떤 의미에서는 무척 오만한 태도이지 않나요?

그에 비해 상대의 말을 반복하는 방법은 그 자체로 협상 상대에게 만족을 줄 수 있고, 나아가 '이 사람은 잘 들어 준다'는 인상을 심어주어 신뢰를 쌓을 수 있습니다.

이 방법은 일상생활이나 고민 상담, 비즈니스 협상에서도 효과를 발휘합니다. 예를 들면 다음과 같은 상황을 떠올릴 수 있습니다. 참고로 바람직한 예시에는 O, 바람직하지 않은 예시에는 ⊗를 표시했습니다.

● 회사 상사와의 대화~패턴1

상사 A : 다음 주 월요일까지 ○○ 자료를 만들어 줄 수 있겠나? 다음 주 중반까지 부장님에게 제출해야 하니 그 전에 확인할 수 있었으면 해. 실은 K씨에게 자료를 맡겼는데, 계속 몸이 안 좋다고 해서 말이야.

여러분 :

⊗ 그건 좀 힘들겠는데요. 저도 지금 맡은 업무가 제법 있으니, C씨에게 맡기면 어떨까요?

O K씨가 몸이 안 좋군요. ○○ 자료도 다음 주 중반까지 부장

님에게 제출해야 한다면 월요일에는 A과장님도 확인하셔야 할 텐데요. 근데 지금 맡은 업무도 병행해야 하는데, 가능할지 모르겠어요.

● 회사 상사와의 대화~패턴2

상사 A : 다음 주 월요일까지 ○○ 자료를 만들어 줄 수 있겠나? 다음 주 중반까지 부장님에게 제출해야 하니 그 전에 확인할 수 있었으면 해. 실은 K씨에게 자료를 맡겼는데, 계속 몸이 안 좋다고 해서 말이야.

여러분 : 그건 좀 힘들겠는데요. 저도 지금 맡은 업무가 제법 있으니, C씨에게 맡기면 어떨까요?

상사 A :

❌ C씨는 들어온 지 얼마 되지 않아서 안 돼. 자네밖에 할 사람이 없어. 부탁하네.

⭕ 자네도 맡은 업무가 많군. 그렇다고 퇴근 시간까지 늦출 수는 없지. C씨에게 맡기면 좋겠지만, 이번 ○○ 건은 자네도 내용을 알고 있고 최근에 들어온 C씨가 하기에는 좀 버거울 것 같아서 말이야. 그나저나 맡은 업무가 어느 정도 되지?

어떤가요? 협상 상대의 말을 반복하기만 하는데도 ✖의 예
시와 비교하니 큰 차이가 보이지 않나요?

상대에게 '내 이야기를 듣고 있다'고 느끼게 할 수 있을 뿐 아
니라 다음 문장을 쉽게 이어갈 수도 있습니다. 대화가 이어지
면 보다 많은 정보를 협상 상대에게 이끌어낼 수 있습니다. 우
선 협상 상대가 한 말을 반복하기부터 시도해 보기 바랍니다.

- -

👀

이 부분이 포인트!

'반복하기'로 대화를 이어갈 수 있다.

- -

12

상대가 한 말을
'정리하기'

다음은 ②협상 상대가 한 말을 '정리하기'입니다.

단 '정리하기'를 할 때는 지나치게 요약하지 않도록 합니다. 협상 상대가 '건성으로 정리했다'고 느낄 수 있거든요.

'요점은 이런 거죠?'라고 정리하는 방법보다는 협상 상대가 '내가 한 말을 이해하고 있구나'라고 안심할 수 있을 정도로 정리하는 것이 중요합니다.

그러려면 ①상대가 한 말을 지나치게 요약하지 말고 또 반대로 너무 똑같지 않게 해야 됩니다. ②상대의 말을 다른 말로 바꿔서 표현해야 합니다. 이해하기 쉽게 구체적인 예시를 들어 살펴봅시다.

● 예1~유산 분할 협의에서 상속인 형 A와 동생 B의 대화

형 A : 아버지는 내가 계속 돌봤고 시간도 돈도 들였는데, 너와 유산을 모두 평등하게 나누는 건 곤란하지.

동생 B :

✖ 알아. 그러니까 형이 아버지를 돌본 만큼 유산을 더 많이 받고 싶다는 거지?

⭕ 그건 그래. 형은 아버지를 돌보는 데 시간과 돈을 들였어. 그 부분을 분할에 반영해야 평등하다고 생각하는 거고.

● 예2~미팅 일정을 변경하려는 C씨와 D씨의 대화

C씨 : 죄송합니다. 내일 19시 미팅 일정을 바꿀 수 있을까요? 진행 중인 안건에서 급한 일이 생겼는데, 저만 그 일을 처리할 수 있어서요.

D씨 :

✖ 다른 용무 때문에 내일은 어렵다는 거군요. 알겠습니다. 미팅은 다음 기회에 하죠.

⭕ 다른 급한 일을 처리해야 하는군요. C씨밖에 대응할 분이 없어서 힘드시겠어요. 그럼 언제 미팅이 가능한가요?

　어떤가요? 협상 상대로서는 자신의 상황을 이해하고 받아들여 주기를 바랄 겁니다. 따라서 자신이 한 말을 지나치게 요약하면 '성의 없이 대한다'고 느끼고 똑같은 말을 반복하면 '제대로 듣고 있는 건가, 건성으로 듣고 있는 건 아닌가'라고 받아들일 수 있습니다.

　여러분은 그럴 의도가 없더라도 상대가 그렇게 받아들인다면 억울하지 않을까요? 이래서는 합의 가능한 협상도 결렬될 수 있습니다.

　반대로 상대가 한 말을 적절히 정리하여 반복하면 상대는 자신의 말을 이해하고 받아들였다고 생각합니다.

　따라서 협상 상대의 의견이나 주장을 약간 달리하여 반복해서 말하면 상대도 '자신이 무슨 생각을 하고 어떻게 느끼는지'를 정리할 수 있습니다.

　그렇게 하면 협상 상대의 다음 말과 행동에도 변화가 나타납니다.

　그동안 고집한 의견이나 결론을 내려놓을 준비가 되어 서로에게 합리적인 위치에 문제를 착지시킬 수 있게 되는 것이죠.

　이때 협상 상대의 의견이나 주장은 절대 바꾸려고 해서는 안

됩니다. 그저 협상 상대의 거울이 되어 협상 상대를 수용하기
만 하면 됩니다. 그것만으로도 여러분의 호의나 공감의 자세가
상대에게 전달될 수 있습니다. 여기서 반보성의 원리 중 하나
인 호의의 반보성이 작용하면 상대도 여러분에게 다가와 줄 겁
니다. 그러니 협상의 결론에도 당연히 긍정적인 영향을 미치게
될 겁니다.

이 부분이 포인트!

상대의 주장을 바꾸려 하지 말 것

◉ 상대가 하는 말을 '반복하기'

◉ 알맞게 '요약하기'

13

상대의
'마음과 감정 살피기'

마지막은 ③협상 상대의 '마음과 감정 살피기'입니다.

상대의 마음과 감정을 살피라는 것이 동정하라는 뜻은 아닙니다. 굳이 협상 상대와 같은 마음과 감정을 가질 필요는 없습니다.

어디까지나 '이 사람협상 상대은 지금 이런 마음이구나'라고 상상하거나 '그런 감정이 들 수도 있지'라고 상대를 수용하는 태도를 보이면 됩니다.

그리고 협상 상대의 마음과 감정을 알아차리고 있음을 적극적 경청으로 상대에게 전달합니다. 그러면 협상 상대는 '이 사

람은 나를 이해하고 있다'고 느껴 여러분을 신뢰하게 될 겁니
다.

그럼 어떠한 문장을 포함하면 효과적일까요?

구체적인 예를 들어 살펴봅시다. 참고로 마음을 헤아리지 못
한 예시에는 ✗, 마음과 감정을 헤아린 예시에는 O 를 표시했
습니다.

● 구체적인 예 ①~비즈니스 상담 상황

구매자 A: 귀사의 서비스에 관심은 있지만, 비용 대비 효과 측
면에서 불안 요소가 남는군요.

판매자 B듣는 사람 :

✗ 비용 대비 효과가 걱정되시는군요. 구체적으로 어떤 점이
   불안하신가요?

O 비용 대비 효과가 걱정되시는군요. 그 점을 명확히 예측할
   수 없다면 불안해서 도입을 결정할 수 없겠죠. 구체적으로
   어떤 점이 불안하신지 귀사가 우려하는 점을 좀 더 자세히
   알려 주실 수 있을까요?

● 구체적인 예 ②~클레임 처리 상황

구매자 A : 왜 이렇게 배송이 늦는 거죠? 어제 서울에서 놀러 온

손주에게 주려고 했는데, 결국 배송이 되지 않아 주지 못했어요.

판매자 B_{듣는 사람} :

- ❌ 정말 죄송합니다. △△ 님도 속상하시겠지만, 실은 저희가 △△ 님의 주문을 확인한 것이 불과 하루 전입니다.
- ⭘ 정말 죄송합니다. 어제 손주분에게 전달하고 싶으셨군요. 손주분이 기뻐하는 얼굴을 보고 싶으셨을 텐데, 그러지 못하셔서 정말 속상하시겠어요. 그런데 저희가 △△ 님에게 주문을 받은 것이 불과 하루 전입니다.

각기 다른 두 가지 상황을 살펴보았습니다.

협상 상대의 마음과 감정을 배려한다고 느끼게 하는 문장을 넣으면 협상 상대도 '공감을 받고 있다'거나 '이해를 받고 있다'고 느끼지 않을까요? 반대로 그러한 문장이 빠져 있으면 형식적이고 무미건조한 느낌이 듭니다.

협상 상대의 마음을 이해하고 있다고 해도 그 마음이 상대에게 전달되지 않으면 의미가 없지 않을까요? 따라서 사소한 부분일 수도 있지만, 협상 상대와 라포_{신뢰}관계를 형성하려면 상대의 마음과 감정을 살피는 문장이 매우 중요한 역할을 합니다.

여러분도 반드시 이 점을 의식해서 반영해 보기 바랍니다.

이 부분이 포인트!

상대의 마음을 배려하는 문장을 넣을 것

14

상대의 이야기를
이끌어내는 '수동적 경청'을
활용하라

지금까지 적극적 경청의 방법을 설명했습니다. 이번에는 '수동적 경청'을 소개하고자 합니다.

적극적 경청은 협상 상대가 한 말을 반복하거나 정리하거나 감정을 살피는 것과 같이 듣는 사람이 어느 정도 능동적이고 적극적으로 관여하는 방법입니다.

반대로 수동적 경청은 협상 상대의 말에 끼어들지 않고 일단 상대에게 이야기를 이끌어내는 방법입니다. 영어로는 패시브 리스닝Passive Listening이라고도 합니다.

협상 상대는 때때로 '일단 내 이야기를 들어줬으면 좋겠다.

이해해줬으면 좋겠다'라는 절실한 마음이 있는데도 말로 표현하지 못하는 상황에 처하기도 합니다.

그 와중에 상대에게 '그 뜻은 그런 건가요?', '아니면 이건가요?'라고 질문을 던지면 협상 상대는 질문을 받는 것조차 부담스럽게 느낄 수 있습니다.

이때 상대는 '자신의 느낌과 생각을 원하는 타이밍에 이야기하고 싶다' 혹은 '말하지 않아도 내버려 두면 좋겠다'는 생각을 합니다. 소심하거나 말주변이 없는 사람이라면 그와 비슷한 심정을 잘 알고 있을 것입니다.

수동적 경청은 바로 이런 때 활용할 수 있는 방법입니다.

수동적 경청은 ①협상 상대에게 이야기를 이끌어내고 ②협상 상대의 생각을 이끌어내는 데에 도움이 됩니다.

'①협상 상대에게 이야기를 이끌어내기' 위한 방법으로는 '침묵'152페이지과 '맞장구'155페이지를 들 수 있습니다. 또 '②협상 상대의 생각을 이끌어내기' 위해서는 '도어 오프너Door Opener'160페이지 방법을 활용할 수 있습니다.

구체적인 방법은 뒤에서 살펴보겠지만, 수동적 경청을 활용하면 협상 상대의 내면에 있는 사건, 고민, 감정 등을 깨달을 수 있고 상대는 이를 듣는 이에게 드러낼 수 있게 됩니다.

'그런데 이 방법은 고민 상담에서나 쓸 수 있지, 협상에서는 필요 없지 않나'라고 생각할 수도 있습니다.

하지만 그렇지 않습니다.

협상에서도 상대가 고민이나 답답함을 안고 있는 경우가 있을 뿐 아니라, 애초에 문제를 만들지 않는 듣는 법 중 하나로 습관화해 두는 것이 중요합니다.

수동적 경청을 활용할 때는 '자신의 상태'가 중요합니다. 심리학 영역에서는 '자기일치'라고 부릅니다. 자기일치란 '자신의 있는 그대로의 상태를 이해하고 수용하며 이를 숨기려는 상태를 만들지 않는 것'입니다.

왜일까요? 상대는 듣는 사람이 어떤 사람이어야 자신의 있는 그대로의 모습을 털어놓을 수 있을까요?

바로 듣는 사람이 자기 자신의 있는 그대로의 모습을 받아들이고 허용하는 사람이어야 합니다. 그러한 듣는 사람에게는 협상 상대도 '있는 그대로의 자신을 꺼내도 괜찮겠다'는 심리적 안도감을 느끼는 것이죠. 조금 어려울 수 있지만, 소심해도 말주변이 없어도 실천 가능한 방법입니다.

👀

이 부분이 포인트!

'침묵', '맞장구', '도어 오프너'

'침묵'을 활용하면
유리하다

'침묵'을 활용하라니 '가만히 있으면 협상이 되겠냐'고 한 소리 들을 것만 같은데요. 물론 처음부터 끝까지 침묵을 지키며 아무 말도 하지 않아도 된다는 의미가 아닙니다.

여기서 핵심은 협상 상대의 이야기를 듣는 자세 중 하나로 침묵이 효과를 발휘할 때가 있다는 것입니다.

협상도 커뮤니케이션이므로 협상 상대가 한 말에 대한 자신의 생각이나 의견, 요구를 전달하는 것이 기본입니다. 그러나 항상 그렇게 대응해야 하는 것은 아닙니다.

예를 들어 ①협상 상대가 분명히 무언가를 전하고 싶어 하는

데, 말이 잘 나오지 않을 때는 침묵하며 상대의 다음 말을 기다립니다. 또 ②협상 상대가 슬픔이나 괴로움과 같은 감정적으로 치우친 상태일 때도 침묵하며 상대의 이야기를 듣습니다. '감정적인 상대의 이야기를 계속 듣고 있어 봤자 실속 없이 시간만 흘러 전혀 생산성이 없다'고 생각할 수도 있겠지만, 이럴 때는 집중해서 상대의 말 이면에 숨어 있는 감정에 차분히 다가가 보세요.

그리고 앞의 두 가지 경우가 아니더라도 협상 상대가 침묵하고 있다면 함께 침묵해 보는 겁니다. 협상 상대에게 더 이야기를 이끌어내려면 일부러 침묵을 이어나가는 것도 효과적인 수단 중 하나입니다.

상대가 단순히 침묵하고 있는 경우는 앞의 '①협상 상대가 분명히 무언가를 전하고 싶어 할 때'와는 조금 다릅니다. 즉 협상 상대가 분명히 무언가를 말하고 싶어 하지 않더라도 침묵을 이어가 보는 겁니다.

이런 상황협상 상대가 침묵하고 있을 때을 어색해하는 타입이라면 '혹시 상대의 침묵이 내 탓인가'라거나 '내가 먼저 말을 꺼내기를 기다리는 건가. 무슨 말이든 해야 하나'라고 지레 겁을 먹을 수도 있습니다.

특히 생각이 정리되지 않은 상태에서 생각지도 못한 점이나 관련이 없는 점, 자신에게 불리한 점까지 말해서 결점이 드러난 적은 없었나요? 그렇다면 엄청난 손해입니다.

협상 상대는 침묵하고 있어도 무언가를 생각하거나 자신의 내면과 마주하고 있는 것이지 여러분이 이야기를 꺼내기를 기다리는 중이 아닐 수도 있습니다.

이럴 때 여러분의 침묵은 협상 상대에게 깊이 생각할 수 있는 시간을 만들어 주기 때문에 상대가 자신의 생각이나 진의를 새롭게 표현하는 계기가 되기도 합니다. 그만큼 침묵은 매우 효과적인 방법입니다.

그러니 협상 상대가 침묵하고 있다면 여러분도 침묵해 보는 겁니다. 떳떳하게 자신의 침묵을 허락해 주세요. 무리하게 이야기하려 하지 말고 있는 그대로의 자신을 드러낸다면 분명 협상 상대가 먼저 이야기를 들려 줄 것입니다.

· ·

👀

이 부분이 포인트!

침묵은 상대의 깊은 사고를 돕는다.

· ·

16

'역시', '그렇죠'를
입버릇으로 만든다

일상생활뿐 아니라 협상에서도 상대의 말에 맞장구를 치거나 관심과 이해를 나타내기 위한 표현을 넣기도 합니다. 이러한 '맞장구'도 수동적 경청의 한 방법입니다.

예를 들어 '역시' 혹은 '그렇죠'와 같은 표현입니다. 실은 이러한 맞장구 표현도 조금만 연구하면 협상 상대와의 관계를 더 우호적으로 만들 수 있습니다.

상대도 자신이 한 말에 대한 반응이 기분 좋을수록 더 많은 이야기를 들려주고 싶어지니까요.

그럼 말하는 사람을 기분 좋게 하는 듣는 사람의 반응은 어

떤 것일까요? 다음의 두 가지 방법은 상대를 안심시키고 신뢰
를 주는 반응이라고 할 수 있습니다.

1) 페이싱Pacing

여러분은 카운슬링이나 코칭에서 자주 사용하는 방법인 '페
이싱'을 들어 본 적 있나요?

우리 주변에는 말이 빠른 사람도 있고 느린 사람도 있습니
다. 또 큰 소리로 말하는 사람이 있는가 하면 낮은 톤으로 이야
기하는 사람도 있습니다. 페이싱이란 협상 상대가 말하는 속도
나 목소리 톤에 맞춰 맞장구를 치거나 반응을 보이기 위한 표현
을 말하는 것입니다.

이렇게 하면 협상 상대는 '이 사람 앞에서는 있는 그대로의
자신을 드러내도 된다'는 신뢰감을 느껴서 안심하게 됩니다.
결과적으로 협상 상대에게 많은 이야기를 이끌어낼 수 있게 되
는 것이죠.

반대로 협상 상대가 말하는 속도나 목소리 톤과 '맞지 않는
다'고 느껴 자신의 속도나 톤을 유지하며 말하면 마찬가지로
협상 상대도 같은 느낌을 받게 됩니다. 결국 협상 상대도 '말하

기 껄끄러운데' 혹은 '말해도 이해해주지 않을 것 같아'라는 생각에 이르게 되어 매끄럽게 이야기가 흘러가지 않을 수 있습니다.

2) 미러링Mirroring

페이싱 외에도 협상 상대를 안심시키고 많은 이야기를 하게 하는 방법으로 '미러링'이 있습니다.

미러링은 말 그대로 여러분 자신이 협상 상대의 거울이 되는 겁니다. 즉 협상 상대의 표정이나 몸짓, 자세 등을 따라 하는 것을 말합니다.

구체적으로는 협상 상대가 슬픈 표정을 지으면 함께 슬픈 표정을 지으며 '그렇군요'라고 말하거나 상대가 생각하는 포즈를 취하면 마찬가지로 생각하는 몸짓을 하며 '역시, 그렇죠'라고 말하는 겁니다.

이렇게 하면 페이싱과 마찬가지로 협상 상대를 안심시키고 신뢰를 주는 편안한 분위기가 형성되어 더 많은 이야기를 이끌어낼 수 있게 됩니다.

무엇보다 상대가 마음의 문을 열면 협의를 시작했을 때의 딱

딱한 분위기가 풀어지면서 여러분의 생각이나 요구도 받아들여질 가능성이 높아집니다. 또 쌍방의 합의점을 보다 유연하게 찾아낼 수 있게 됩니다.

특히 말주변이 없는 사람이라면 페이싱과 미러링을 습관화해서 활용해 보기 바랍니다.

이 부분이 포인트!

'회법'과 '행동'을 맞출 것

속도나 톤을 맞추는 '페이싱'

표정이나 몸짓 등을 맞추는 '미러링'

17

'청킹'으로
정보를 이끌어내라

수동적 경청에는 침묵, 맞장구와 함께 질문으로 마음의 문을 열어 정보를 이끌어내는 방법도 있습니다. 바로 '도어 오프너 Door Opener' 질문입니다.

협상 상대에게 정보를 이끌어내는 질문 방법은 다양합니다. 예를 들어 열린 질문과 닫힌 질문의 차이를 알고 계시나요? '열린 질문'이란 답변자의 답변 범위에 제한을 두지 않고 자유롭게 답변할 수 있도록 하는 질문입니다. 예를 들어 '제주도 여행은 어땠나요?', '학창 시절은 어떻게 보냈나요?', '그에 관해 좀 더 이야기해 줄래요?'와 같은 질문입니다. 바로 도어 오프너라고 부르는 질문이죠.

반대로 '닫힌 질문'이란 '예, 아니오'의 형태로 답변을 유도하는 질문입니다. 예를 들어 '야구를 좋아하나요?', '어제 저녁 식사는 맛있었나요?'와 같은 질문입니다.

이와 같은 열린 질문과 닫힌 질문은 협상 상대에게 얻고자 하는 정보를 얻기 위해 사용할 수 있는 효과적인 질문 방식입니다. 또 상대에게 풍부한 답변을 이끌어내는 매우 중요한 역할을 합니다.

협상에서 주로 활용하는 방법은 열린 질문입니다. 지금부터는 협상 상대에게 더 많은 정보를 이끌어내기 위한 문장과 듣는 법을 소개하겠습니다.

협상 상대는 이 협상에서 실현하고 싶은 자신의 요구나 목적, 그 배경 등이 있기 때문에 협상에 임합니다. 그리고 상대방이 받아주기를 바라는 마음도 있을 겁니다.

그러한 '받아주기를 바라는' 혹은 '인정받고 싶은' 협상 상대의 인정 욕구를 채우기 위해 협상 상대가 가진 생각, 바람, 그 배경에 관한 정보를 더 얻는 데 '청킹chunking'이라는 방법을 활용할 수 있습니다.

청킹은 대표적인 도어 오프너인 '그에 관해 좀 더 이야기해 줄래요?'와 같은 열린 질문의 일종이라고 할 수 있습니다.

청킹의 목적도 협상 상대가 말한 내용에서 더 많은 정보를 얻고자 하는 것입니다. 청킹에는 다음의 세 종류가 있습니다.

1 '그것에 의해 어떻게 되는가'를 묻는 청크업
2 '그것은 구체적으로 어떤 것인가'를 묻는 청크다운
3 '그 밖에 어떤 것이 있는가'를 묻는 수평청크

간단한 예를 한 가지 들어 볼게요. 비즈니스 파트너인 H씨가 새로운 인재를 영입하자고 제안했다고 합시다.

H씨 : ○○씨여러분, 우리도 슬슬 새로운 인재를 영입하는 게 좋을 것 같습니다.

여러분 : 그런가요. 새로운 인재를 영입하면 어떤 점을 기대할 수 있을까요? 청크업

H씨 : 신규 안건을 늘려서 매출을 올릴 수 있을 거예요.

여러분 : 그렇군요. 매출 상승에 따른 수익 증가를 기대할 수 있겠네요. 그런데 수익 증가를 달성하려면 매출 상승 말고 다른

방법은 없을까요?_{수평청크}

H씨 : 예를 들면 저희 회사가 이미 보유하고 있는 스킬을 상품으로 판매하는 방법도 고려해 볼 수 있겠죠.

여러분 : 그 방법이라면 인력을 늘리지 않고도 가능하겠군요. 구체적으로 어떤 상품이 있을까요?_{청크다운}

H씨 : 책을 출판하거나 온라인 강좌를 여는 방법이 있습니다.

어떤가요? 청킹을 활용하여 '새로운 인재를 영입해야 한다'는 H씨의 제안을 계기로 매출 상승을 지향하는 H씨의 의도, 이를 실현시키기 위한 다른 방법을 H씨에게 이끌어낼 수 있었습니다.

협상 상대에게 관심을 가지고 상대를 받아들이는 자세를 보이면 상대는 더 많은 이야기를 들려주게 됩니다. 이를 실현할 수 있는 방법이 바로 청킹입니다.

이 부분이 포인트!

청킹으로 폭 넓은 정보를 얻을 수 있다.

'공감'은 상대의 '두려움', '슬픔', '분노'를 이해하는 것

여러분은 다른 사람에게 공감을 받으면 어떤 마음이 드나요? 저라면 '이 사람은 나를 이해한다' 혹은 '내 편이 되어 준다'고 느껴져서 편안하고 기쁜 마음이 들 것 같습니다. 공감이란 타인이 어떤 특정한 감정을 안고 있는 상태를 이해하고 수용하는 것을 말합니다.

협상에서도 협상 상대가 한 말은 물론 그 말의 이면에 숨어 있는 감정에도 관심을 가지고 그 감정을 안고 있는 상태 자체를 수용하면 상대에게 높은 만족감을 줄 수 있습니다.

실제로 협상 상대가 두려움, 슬픔, 분노와 같은 감정을 안고 있다면 어떻게 해야 공감하는 것이 될까요? 함께 슬퍼하거나 화를 내면 될까요?

그 방법은 공감이 아닙니다. 함께 슬퍼하거나 화를 내는 것은 '동감'이지 '공감'이 아니니까요. '동감'은 언뜻 협상 상대의 마음을 헤아리는 방법처럼 보이지만, 상대가 그 감정을 충분히 느끼는 것을 방해할 수 있습니다.

그럼 어떻게 될까요? 협상 상대에게 충분히 소화하지 못한 감정이 남아 마음이 후련하지 않겠죠.

　　우리도 한 번쯤은 경험한 적이 있을 겁니다. '마음껏 울고 싶은데, 눈앞에 있는 사람이 나보다 슬퍼하며 울어서 울 수 없었던' 적이요. 동감은 이처럼 같은 일이 일어나서 어떤 의미에서는 감정의 소화 불량을 일으킵니다.

　　그럼 공감을 하려면 어떻게 해야 할까요?

　　심리학적으로는 사람이 안고 있는 감정진짜 감정에는 4종류가 있다고 합니다. 바로 ①두렵다, ②슬프다, ③화가 난다, ④즐겁다입니다.

　　그리고 공감은 단순히 '이 사람은 슬프구나. 그야 당연히 슬플 거야', '이 사람은 화가 나는구나. 그야 당연히 화가 날 거야'라고 마음속으로 짐작하는 것입니다. 물론 '슬프겠군요'라고 말로 해도 괜찮겠죠.

　　협상 상대가 어떤 감정을 안고 있는지를 이해하는 것, 그리고 그 감정을 안고 있는 상태를 용인하는 것, 이 두 가지가 공감의 핵심이라고 생각합니다.

　　이 두 가지 핵심으로 이루어진 공감이 가능하면 협상 상대의 마음을 가볍고 편안하게 만들 수 있습니다. 그렇게 되면 협상 상대는 여러분을 신뢰하게 되어 서로에게 이익이 되는 결과를 찾아내려고 할 겁니다.

이겼다고도 졌다고도
느끼지 않게 하는
말투와 전달법

자신이 불리할 때도
상대의 이야기부터
듣는다

여러분은 자신의 생각이나 주장, 의견을 상대가 받아주기를 바라나요?

물론 그렇겠죠. 당연히 그럴 겁니다. 저도 그렇거든요. 우리는 누구나 자신의 생각이나 주장, 의견, 그것을 표현하기 위한 말이나 행동을 다른 사람에게 인정받고 싶은 욕구를 가지고 있습니다.

그러니까 당연히 협상 상대도 그러한 욕구를 가지고 있습니다.

제1장에서 설명한 '반보성의 원리'를 떠올려 보세요_{43페이지}. 상대가 호의나 서비스를 베풀면 '보답하고 싶다'는 생각이 드

는 심리 법칙이 반보성의 원리입니다.

즉, 자신의 생각이나 의견이 받아들여지기를 바란다면 먼저 상대의 생각이나 의견을 듣고 긍정적인 반응이나 말을 건네 보는 겁니다.

제3장에서 소개한 듣는 법을 활용하여 먼저 상대의 이야기를 듣고 그 생각이나 의견 자체를 이해하도록 합니다.

상대가 원하는 조건에 동의할지 말지는 나중으로 미루고 '그렇군요', '그런 배경이 있었군요'와 같이 그 배경에 있는 상대의 심정이나 생각을 받아들여 봅시다.

자신을 받아들였다고 느낀 상대는 여러분을 신뢰할 것이고 여러분의 생각이나 의견도 이해하고 존중하게 될 겁니다.

무엇보다 자신의 의견을 관철시키려고 하기 전에 상대의 생각이나 의견을 듣는 것은 매우 여유 있는 태도입니다. 그 여유만으로도 주도권을 잡을 수 있습니다.

이렇게 말하면 '금전적으로 여유가 있어야 가능한 거 아닌가?'라든가 '힘의 균형이 위일 때만 통하겠지'하고 의문이 들 수도 있습니다.

물론 여유가 있을 때나 힘의 균형이 위에 있는 상황에서는 상대의 의견이나 생각이 더 귀에 잘 들어올 수도 있겠죠.

그러나 이러한 태도는 여유가 있고 없고, 나이가 많고 적고, 지위가 높고 낮고를 떠나서 갖추는 것이 좋습니다. 여유를 가질 수 없는 상황이거나 불리한 상황에 처해 있거나 지위가 아래에 있더라도 협상 상대의 이야기를 '먼저 듣는' 태도를 취하는 편이 바람직합니다.

왜냐하면 자신의 이야기를 들어준 사람의 이야기는 듣게 되기 때문입니다. 따라서 이 상황에서는 유리하냐 불리하냐, 위냐 아래냐는 중요하지 않습니다.

다만 무리하게 여유를 부리는 태도는 주의해야 합니다. 상황이 명백히 불리할 때, 힘의 균형이 훨씬 아래일 때는 섣불리 그러한 태도를 취하면 단순히 오기를 부리는 것처럼 보일 수도 있거든요.

그런 때일수록 자신의 상황을 인식하고 받아들이면서 먼저 상대의 생각이나 의견을 듣는 태도를 우선시해야 합니다.

· ·

👀

이 부분이 포인트!

불리한 상황일수록 '귀담아들어야' 한다.

· ·

2

듣기와 말하기는
8대 2가 적당하다

여러분은 대화 상대나 협상 상대가 한 말을 모두 기억하는 편인가요? 절대 기억하지 못할 겁니다.

또 말한 내용을 모두 이해하나요? 아마도 그렇지 않을 겁니다.

특히 이야기를 장황하게 하는 사람이나 너무 많은 내용을 담아 말하는 사람의 이야기는 도중에 집중력이 끊겨 기억이 나지 않는 경우가 많습니다. 메모를 해도 한계가 있고, 가령 대화나 협상 내용을 녹음했어도 나중에 녹음한 내용을 꼼꼼히 듣는 경우는 그다지 많지 않습니다.

그러니까 자신이 하고 싶은 이야기를 전부 다 전달하려고 말을 많이 해도 상대는 모두 이해하거나 기억하지 못한다는 겁니다.

이 상황은 여러분도 한 번쯤 들어보았을 '메라비언의 법칙 The Law of Mehrabian'으로 설명할 수 있습니다.

메라비언의 법칙이란 사람은 타인과 커뮤니케이션을 할 때 언어, 청각, 시각의 세 가지 정보로 상대를 판단하는데, 언어 정 보 7%, 청각 정보 38%, 시각 정보 55%의 비율로 판단에 영향을 준다는 심리학 법칙을 말합니다.

이 법칙처럼 협상 상대도 여러분의 이야기를 언어 정보 7%, 청각 정보 38%, 시각 정보 55%의 비율로 판단한다면 말을 아 무리 많이 해도 효과가 낮다는 것을 알 수 있습니다.

메라비언의 법칙

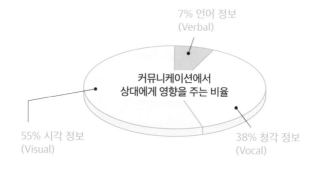

7% 언어 정보
(Verbal)

커뮤니케이션에서
상대에게 영향을 주는 비율

55% 시각 정보
(Visual)

38% 청각 정보
(Vocal)

반대로 자신의 말을 줄이고 오히려 상대의 이야기를 잘 들었다면 협상 상대는 타인의 이야기를 잘 들어 주는 여러분의 모습을 시각 정보로 받아들여 좋은 인상을 받게 될 겁니다.

게다가 자신과는 다른 생각, 의견, 조건을 가진 협상 상대가 그 정당성을 세세히 설명한다고 해도 상대에게는 따분하게 들릴 뿐입니다.

어떻게든 이해하려고 해도 머리에 들어오지 않거나 건성으로 들어 넘길 때도 있지 않나요? 사람은 자신에게 불리한 말을 타인에게 들으면 거부감이 들기 마련입니다.

그럴 때일수록 겸허하고 진지한 태도로 타인의 의견이나 조건을 들어 주어야 한다는 주장도 있지만, '해야 한다', '하지 않으면 안 된다'와 같은 논조는 자신과 주위를 괴롭게 할 뿐 효과적이지 않습니다.

오히려 자신의 이야기를 적당히 하고 협상 상대의 이야기를 잘 들었다면 협상 상대는 내가 설득하지 않아도 스스로 깨달음을 얻을 겁니다.

그렇게 되면 협상 상대는 자신의 생각이나 조건 중 물러설 부분은 물러서고 여러분의 생각이나 조건 중 받아들일 부분은 받아들이는 수용력을 스스로 마련하게 됩니다.

그야말로 '손 안 대고 코 푸는 격'이죠. 협상 상대가 이해해주기를 바라며 기를 쓰고 말하지 않아도 상대의 말을 듣는 비율을 높이기만 하면 협상 상대는 자연스럽게 여러분의 주장을 받아들이게 될 테니까요. 다음번 협상에서 시험 삼아 시도해 보기 바랍니다.

이 부분이 포인트!

말을 많이 해도 모두 기억해주지 않는다.

3

화법은
서툴러도 된다

여러분은 '나도 상대도 같이 만족하는 협상을 하려면 능숙하
게 말해야 한다'고 생각하나요?

만약 조금이라도 그렇게 생각한다면 이 질문에 답해 보세요.

Q 이 사람협상 상대은 말주변이 좋으니 협상이 잘 될 거야'라고
　생각하나요?

쉽게 말해서 상대의 말주변이 협상을 성공시키는 데 불가결
한 조건이라고 생각하나요?

그런 생각은 하지 않을 겁니다. 협상 당사자의 최대 관심사

는 오로지 '확실한 이점이 있는 조건으로 협상을 성립시킬 수 있을지'입니다. 그러니까 여러분의 협상 상대도 마찬가지로 여러분의 말주변에 초점을 두지 않는다는 겁니다.

앞에서 설명한 것처럼 사람이 상대를 판단할 때 언어가 영향을 미치는 비율은 매우 낮습니다 메라비언의 법칙. 냉정하게 생각하면 말주변이 좋고 나쁨과 협상의 성패는 관련이 없다는 것을 알 수 있습니다.

물론 '알아듣기 쉽게 말을 한다'거나 '듣기 좋은 속도로 말을 한다'는 평가를 받으면 기분이 좋겠죠. 충분히 이해합니다. 하지만 좋은 평가를 받아도 협상 결과가 만족스럽지 못하면 그림의 떡이나 다를 것이 없겠죠.

적어도 협상의 성패를 놓고 보면 말주변이 좋고 나쁨은 어디까지나 옵션 정도의 위치에 두는 것이 바람직합니다. 그보다는 말하고자 하는 내용을 상대가 확실히 이해하도록 전달하는 것이 중요합니다. 그러려면 다음의 두 가지 요소가 필요합니다.

· 현재 상태를 사전에 파악해 둘 것
· 내가 말하고 싶은 내용의 핵심을 심플하게 전달할 것

우선 문제가 되는 사안의 정확한 파악입니다. 문제를 파악하

고 있으면 상대와 이야기해야 하는 화제가 한정되어 도중에 무슨 말을 해야 할지 헤매는 일도 없게 됩니다.

다음으로 말하고 싶은 내용의 핵심을 심플하게 전달하는 것입니다. 협상 상대에게 전달할 내용에 많은 요소를 집어넣으면 협상 상대도 어떤 점이 가장 중요한지를 이해하기 어려울 수 있습니다.

그렇게 되면 가장 전달하고 싶은 내용이 상대에게 전달되지 않는 리스크도 발생할 수 있습니다. 따라서 제2장에서 설명한 것처럼 자신이 말하려는 내용의 핵심은 무엇이고, 장점과 단점은 무엇인지 파악하기 위해 사전에 자신과 대화를 나누어야 합니다.

그리고 자신과의 대화에서 나온 핵심 내용을 메모장이나 스마트폰에 적어 두었다가 그 부분만은 확실히 상대에게 전달되도록 말하는 겁니다. 그렇게 된다면 말주변이 없어도 침묵이 이어져도 문제없이 협상을 진행할 수 있습니다.

👀

이 부분이 포인트!

말하고 싶은 '핵심'을 심플하게 전달할 것

말하는 속도는 느리다
싶을 정도가 적당하다

말주변이 없는 사람 중에는 말이 느린 사람이 많은 편입니다. 소심한 사람이라면 당황해서 말이 빨라질 수도 있겠죠. 여러분은 말을 빨리 하는 사람과 천천히 하는 사람에 대해 어떤 인상을 가지고 있나요? 말이 빠른 사람에게는 다음과 같은 인상을 가지고 있지 않나요?

· 감언이설에 넘어가 설득당할 것 같다.

· 말하는 내용을 전부 다 이해하기 벅차다.

· 상대의 속도에 말려드는 것이 언짢다.

이 밖에도 '무미건조한 사람 같다'거나 '가벼운 사람 같다'와 같은 인상을 받는 사람도 있을 겁니다. 결국에는 경계하게 되거나 편안하지 않다고 느끼는 사람도 많을 겁니다. 그런 생각이 들면 그 사람과는 신뢰 관계를 쌓기가 거북할 수도 있습니다.

변호사 일을 하면서 만나게 된 말이 빠른 사람들에게는 앞에서 말한 인상들과 함께 다음과 같은 인상을 받기도 합니다.

· 별로 깊이 생각하지 않은 것 같다.
· 냉정하게 검토하지 않은 것 같다.

실제로 질문을 던지거나 추궁하면 즉석에서 빠른 말로 정정하거나 변명이나 반론을 하는 경우가 많았기에 그 모습에서 더욱 그런 생각이 들었습니다. 게다가 협상 도중에 드러난 결점을 만회하려고 말을 빨리하면 어딘가 믿음이 생기지 않는 면도 있습니다.

반대로 말을 천천히 하는 사람에게는 다음과 같은 인상을 받게 됩니다.

· 침착한 사람이다.

· 내 이야기도 잘 들어줄 사람이다.

· 신중하게 표현을 골라서 이야기한다.

· 내 의견도 주의 깊게 살펴볼 것 같다.

말이 빠른 사람과 비교하면 천천히 하는 사람이 훨씬 편안함을 줍니다. 덕분에 신뢰 관계도 원활하게 구축될 수 있죠.

또 말하는 속도는 자율신경과도 밀접한 관련이 있습니다. 말하는 속도가 빠를 때는 교감신경이 활발해져 극단적으로 말하면 전투 모드와 같은 발끈하는 상태가 되기 쉽습니다.

이에 반해 천천히 말할 때는 부교감신경이 우위가 되어 보다 편안한 상태를 만들 수 있습니다. 어느 쪽이 협상 상대와 더 우호적인 커뮤니케이션을 할 수 있을지는 분명해 보입니다.

이 정도로 장단점이 뚜렷하다면 말주변이 없거나 소심한 분은 의도적으로 천천히 말하는 편이 신뢰 관계를 구축하는 방법이 될 수 있습니다. 그러니 서둘러 말할 필요가 전혀 없습니다.

👀

이 부분이 포인트!

천천히 말해서 손해 볼 일은 없다.

말하는 속도는 천천히

침묵을 두려워할
필요는 없다

일상적인 대화에서도 그전까지 활발하게 이야기하며 분위기가 고조되었는데 갑자기 침묵의 시간이 찾아올 때가 있죠.

협상에서도 마찬가지입니다.

서로 하고 싶은 이야기나 전달할 사항을 다 말하고 질문까지 주고받고 나면 논의가 정체되면서 이야기가 끊기고 침묵이 흐르기도 합니다.

분위기가 어색해지자 '무슨 말이든 해야겠다'고 두뇌를 풀가동시켜 화제를 끄집어내거나 새로운 시점을 찾아내기도 합니다.

　이때 침묵이 두려워 무슨 말이든 해보려다 자신의 생각과 전혀 다른 말을 해버린다면 결과는 어떻게 될까요? 협상 상대에게 진의가 전달되지 않아 기분을 상하게 할 수도 있고 그 내용이 자신에게 불리하게 작용할 수도 있습니다.

　나중에 바로잡으려고 한들 협상 상대는 "그때는 그렇게 말했잖아요"라고 여러분의 말을 불신하게 되어 결국 이후의 협상 진행을 더디게 만들지도 모릅니다.

　그렇다면 침묵을 견딜 수 없는 상황에는 어떤 경우가 있을까요?

　바로 타인과의 관계성 안에서 일어나는 경우입니다. 예를 들면 협상 상대가 매우 조용한 타입이라 말이 별로 없고 계속 자신을 바라보는 상황이라면 침묵이 찾아왔을 때 '무슨 말이든 해야겠다'는 생각이 드는 것도 무리는 아닙니다. 이때 '무슨 말이든 하지 않으면 무능해 보일 것 같다'거나 '내가 먼저 말해야 상식적이겠지'라고 불안해하지 않나요?

　그리고는 불필요한 말을 잔뜩 내뱉거나 엉뚱한 말을 해버리기도 합니다.

　때로는 자신을 지켜보는 선배나 상사를 의식하는 경우도 있습니다. 비즈니스 상담이나 사내 회의에서 자신의 업무 태도를 선배나 상사가 높이 평가해 주길 바라거나 협상이 서툴다는 말을 듣고 싶지 않은 겁니다.

결국 침묵이 생기지 않도록 이야기를 꺼내서 불필요한 말을 하거나 생각지도 못한 말을 하기도 합니다.

이러한 생각의 배경에는 '침묵은 곧 커뮤니케이션 능력의 결여'라고 치부하는 침묵에 대한 부정적인 이미지가 깔려 있기 때문입니다. 침묵을 '커뮤니케이션 장애'의 상징처럼 여기는 사람도 있을 정도니까요.

그런데 침묵에는 다음과 같이 많은 이점이 있습니다.

· 침착하고 냉정한 사람으로 보인다.

· 지성이 있는 사람으로 보인다.

· 상대에게 '뭐가 잘못됐나'라는 생각을 들게 할 수 있다.

· 상대가 먼저 말하게 한다.

· 불현듯 무슨 생각을 하는지 불안해진 상대가 이런저런 제시를 한다.

· 나의 결점을 드러내지 않을 수 있다.

· 상대에게 많은 정보를 이끌어낼 수 있다.

제3장에서 설명한 '수동적 경청'의 이점과도 닮았습니다.

협상에서 이러한 이점은 강점으로 작용합니다. 그러니 침묵을 활용하지 않을 이유가 없는 것이죠.

그런데도 침묵에 대한 부정적인 이미지를 떨치지 못하는 사람이라면 이렇게 한번 말해보세요.

'침묵은 말주변이 없는 나에게는 가치가 있다.'

'협상의 성패를 떠나 나는 최고의 비즈니스 퍼슨이다.'

협의가 멈추고 침묵이 찾아왔다고 해서 여러분의 평가가 낮아지는 것은 아닙니다. 오히려 불필요한 말을 해서 평가를 떨어뜨릴 가능성이 높습니다. 따라서 침묵은 소심하거나 말주변이 없는 사람이 무기로 삼기에도 적합합니다.

- -

👀

이 부분이 포인트!

'침묵'은 무기가 될 수 있다.

- -

◎ 침묵은 이점이 많다

6

결론을 먼저 말할까, 나중에 말할까

여러분은 자신의 의견이나 생각, 원하는 조건을 협상 상대에게 전달할 때 결론을 먼저 말하나요? 아니면 나중에 말하나요?

이 문제는 굉장히 까다롭습니다.

결론을 먼저 말하면 그다음 말은 듣지 않을까 봐 걱정이 됩니다. 그렇다고 결론을 나중에 말하면 말을 돌려서 한다며 비즈니스 능력을 의심할 수도 있습니다.

그만큼 이 주제는 결론을 내기 어렵습니다. 어느 쪽이 옳은지를 논의하는 것 자체가 무의미하다는 생각이 들기도 합니다.

협상의 가장 큰 목적은 여러분이 전달한 내용을 협상 상대가 이해하고 인정하여 요구가 받아들여지는 것이므로 그 목적이 달성된다면 '결론을 먼저 말할지 나중에 말할지'는 어느 쪽이든 상관없기 때문입니다.

그렇다면 '어느 쪽이 더 효과적인 경우도 있지 않은가?'라고 말하는 사람도 있을 겁니다.

여기서 결론을 먼저 말하는 편이 나은 경우와 나중에 말하는 편이 나은 경우를 대략적인 예를 들어 살펴보겠습니다.

● 결론을 먼저 말하는 편이 나은 경우

우선 사내나 거래처 등과의 비즈니스 자리에서 기획이나 조건 제시 등을 협상하는 경우에는 기본적으로 결론을 먼저 말하고 이후에 논리적으로 이유를 말하는 편이 상사나 회의 참석자를 만족시킬 수 있습니다.

속도가 중요한 비즈니스 자리에서는 결론에 이르는 길이 보이지 않는 상태에서 설명이나 이유를 길게 말하면 상대가 도중에 지칠 수도 있기 때문입니다.

또 서면이나 메일로 상대에게 메시지를 보낼 때에도 먼저 결론을 말하는 편이 좋습니다. 이 경우에도 상대는 결론과 이유를 먼저 확인하고 싶어 하기 때문입니다.

● 결론을 나중에 말하는 편이 나은 경우

그럼 어떤 경우에 결론을 나중에 말하는 편이 나을까요?

첫 번째는 쌍방의 의견이 대립하여 예민하고 어색한 분위기가 흐를 때입니다.

이때는 곧바로 결론을 말하기보다 자신의 심정이나 결론에 이르기까지의 경위와 이유를 장황하지 않을 정도로 설명합니다.

그런 다음 마지막에 결론을 말하는 편이 협상 상대를 괜스레 자극하지 않고 자신의 생각을 전달할 수 있는 방법입니다.

상대 입장에서도 '그러한 심경이나 상황을 토대로 다다른 결론과 요구'를 깊이 이해할 수 있게 되어 여러분의 제안을 받아들이기가 쉽습니다.

또 파워포인트를 활용한 자료로 프레젠테이션을 할 때는 결론을 나중에 말하는 편이 효과를 발휘하기도 합니다. 파워포인트 형식의 프레젠테이션은 아무래도 이벤트적인 느낌이나 엔터테인먼트 요소가 가미됩니다.

이때는 이유나 근거를 차례대로 설명하여 듣는 사람의 기분을 서서히 고조시킨 후에 결론을 제시하여 상대에게 감동을 주거나 놀라움을 안기는 방법도 효과적입니다.

정리하자면 의견 대립이 없고 사무적인 대화의 경우는 결론부터 먼저 말하는 편이 낫고, 의견 대립이 있거나 상대의 정서를 배려할 필요가 있을 때는 먼저 이유나 경위를 설명하고 나서 나중에 결론을 말하는 편이 낫습니다.

이 책을 읽고 있다면 분명 협상을 잘하고 싶어 하는 독자일 겁니다. 그렇다면 여러 번 말하지만 우선 '귀담아듣기'부터 시작해서 다양한 정보를 주고받으며 공감을 얻는 것이 첫 단계입니다.

즉, 결론은 그러한 이야기를 거친 다음 마지막에 제시하는 것이 바람직합니다.

· ·

👀

이 부분이 포인트!

'협상'에서는 결론을 마지막에 말할 것

· ·

자신이 느낀 감정을
'I(나) 메시지'로 전달하라

직장 동료나 가족, 친구 사이에서도 상대에게 '왜 그러는 거야'라거나 '이렇게 해주면 좋을 텐데' '진작 이렇게 해 줬어야지'라는 생각이 들 때가 있습니다.

예를 들어 직장에서 상사나 선배가 마음속으로 부하 직원이나 후배를 보며 '왜 매번 지각하는 거지'라거나 '사무실에 들어오면 인사를 해야지'와 같은 생각을 할 때가 있습니다.

그때 부하 직원이나 후배에게 직간접적으로 "왜 매번 지각하는 건가?"라거나 "인사를 해야지"라고 말한다면 어떨까요?

부하 직원이나 후배 입장에서는 공격을 당했다고 받아들여

건성으로 대답하거나 입을 꾹 다물게 되지 않을까요?

그렇게 되면 서로 감정적으로 치우쳐 대치 상태가 되고 말겠죠. 서로가 상처를 입게 될 뿐 관계는 더 악화될 겁니다.

이번에는 가족이나 연인 사이의 상황을 예로 들어볼게요.

불볕더위에 산책하러 가겠다는 남편에게 아내가 "당신은 생각이 있는 거야! 이 더위에 산책하다가 열사병으로 쓰러지고 싶어!"라고 말했다고 합시다. 남편은 덥긴 해도 수분을 보충하면 괜찮다고 생각했을 겁니다.

그런데 아내가 "당신은 생각이 있는 거야!"라고 거칠게 지적하자 자신의 생각을 부정당했다고 받아들인 남편은 "내가 가겠다는데, 무슨 상관이야!"라고 격분하여 다툼이 일어날 가능성이 높아집니다.

이때는 앞서 예로 든 두 가지 상황에서처럼 상대를 질책하는 말투 대신에 상대의 행동으로 자신의 감정이 어떻게 되는지를 전달하는 'I 메시지'를 활용해 보세요.

I 메시지란 '상대의 행위나 사건을 객관적으로 전달하고→그로 인해 생기는 효과를 전달하여→결과적으로 느낀 자신의 감정'을 '나'를 주어로 하여 전달하는 화법입니다.

앞서 예로 든 상황에 각각 대입하면 "자네가 사무실에 들어왔을 때 '안녕하세요'라고 말하지 않으면 자네가 나를 무시하는 것 같아서 나는 매우 불쾌해져", "당신이 이 더위에 산책하다가 열사병으로 쓰러지거나 구급차에 실려 병원에 가면 내가 정말 속상해"와 같이 말할 수 있겠죠.

I 메시지로 자신의 감정을 전달하면 상대에 대한 공격성이 사라져서 상대가 상처를 받고 반격하는 일도 일어나지 않게 됩니다. 그리고 자신의 감정을 받아들인 상대가 그 행동을 정정할 수도 있게 되죠.

이러한 I 메시지는 비즈니스 상황에서 서면으로 주고받을 때도 빈번하게 찾아볼 수 있습니다. 예를 들어 '한 달이 지나도 귀사의 답변을 받지 못해서 이 문제를 정말로 기한까지 해결할 수 있을지 당사는 매우 불안합니다', '오늘은 당사 사무실로 직접 와 주신다고 하시니 신속한 개선으로 이어지기를 저는 기대합니다'와 같은 메시지가 I 메시지에 해당합니다.

이러한 메시지를 문서나 구두로 협상 상대에게 전달하면 여러분의 성실함과 진중함이 효과적으로 반영되어 협상 상대에게 좋은 인상을 심어줄 수 있습니다.

👀

이 부분이 포인트!

요구를 전달할 때는 '나'를 주어로 할 것

'이렇게 해주면 좋겠다'를 활용하라

앞에서는 'I 메시지' 화법을 살펴보았습니다. 누구나 자신에게 공격의 칼을 들이대는 말투를 들으면 기분이 좋지 않기 마련인데요. I 메시지는 그 부분을 완화시켜주는 화법입니다.

또 상대가 '이렇게 해달라'고 부탁을 할 때도 말투가 공격적이면 반발심이 생깁니다.

마음속으로는 '해주려고' 했는데, '왜 이렇게 안 해주는 거야!'라거나 '이렇게 해'라고 상대가 클레임이나 명령을 하면 갑자기 의욕이 사라져버리죠.

사람은 타인이 부탁하거나 의지를 하면 큰 만족감을 느낍니다. 타인에게 의뢰를 받아 협력하고 그 의뢰를 한 사람에게 감사의 인사를 받으면 스스로 자부심을 느낍니다. 결과적으로 서로가 행복해질 수 있겠죠.

따라서 타인에게 부탁할 때는 이렇게 해주면 '기쁠 것이다' '안심이 된다'와 같은 자신이 느끼게 될 감정을 섞어서 표현하면 좋습니다. 이 역시 I 메시지의 일종이라고 할 수 있습니다.

다음은 부탁을 할 때와 사전에 주의 환기를 할 때로 상황을 나눠 각각 '바람직하지 않은 예시'와 '바람직한 예시'를 살펴보겠습니다.

● 부탁을 할 때

협상 상대인 F씨에게 서면 제출 기한을 제안할 때

~바람직하지 않은 예시~

"F씨, 이번 서면은 3월 10일까지 제출해 주세요. 지난번처럼 늦어지면 안 되거든요."

~바람직한 예시~

"F씨, 이번 서면은 일주일 전에 보내주시면 저도 꼼꼼하게 답변 준비를 시작할 수 있을 것 같습니다. 그러니 이번 서면은 3

월 10일까지 제출해 주시면 좋겠군요."

보고 연락이 늦어진 부하 직원이나 후배에게

~바람직하지 않은 예시~

"왜 항상 일이 심각해진 다음에야 보고를 하는 건가! 일이 커지기 전에 보고하라고 늘 말하지 않았나!"

~바람직한 예시~

"일이 잘못되면 고객에게도 민폐를 끼치고, 나도 고객과의 신뢰 관계를 회복해야 하는데, 그런 상황이 되면 자네도 속상하지 않겠나. 그런 일이 일어나기 전에 미리미리 상담이나 보고를 해주면 내 마음이 놓일 텐데 말이야."

● 사전에 주의를 환기할 때

부하 직원이나 후배에게

~바람직하지 않은 예시~

"클라이언트 K씨를 만날 때는 철저하게 준비하도록 해. A씨처럼 면박당하지 않게 말이야."

~바람직한 예시~

"클라이언트 K씨는 은근히 까다로워서 자기 마음에 걸리는 부분
이 하나라도 있으면 심기가 불편해지거든. 저번에도 그 일로
분위기가 안 좋아져서 전임자 A씨도 힘들어했지. 그러니 최
대한 철저히 준비해두는 것이 좋겠어."

　　이처럼 단순히 지시나 부탁을 하는 것이 아니라 '사실→영향
→감정'의 순서로 전달하는 I 메시지를 활용하면 상대도 가감
없이 메시지를 받아들일 수 있게 되어 결과적으로 제시한 요구
가 쉽게 받아들여집니다.

· ·

👀

이 부분이 포인트!

자신이 느끼게 될 감정을 전달할 것

· ·

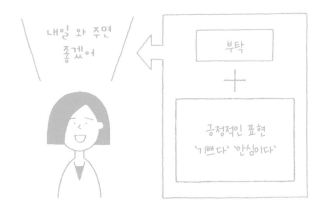

◎ 부탁을 할 때는 '이렇게 해주면 좋겠다'고 표현하자

의견이 대립될 때
활용할 수 있는
브레인스토밍

여러분은 협상 상대의 의견이나 요구와 자신의 의견이나 요
구에 큰 차이가 날 때 어떻게 대응하나요?

'어쩔 수 없다'고 포기하고 될 대로 되라는 심정으로 상대의
요구나 조건을 마지못해 받아들이나요? 아니면 감정적으로 자
신의 의견이나 요구를 무리해서라도 밀어붙이나요?

소심하거나 말주변이 없는 사람이라면 전자와 같이 포기하
는 사람도 있을 겁니다. 자신의 의견이나 요구가 협상 상대와
너무 엇갈려 있으면 '내가 잘못된 건가?' 하며 섣불리 단념하기
때문입니다.

이래서는 소심하거나 말주변이 없는 사람은 협상에서 만족감을 얻을 수 없습니다. '소심하고 말주변이 없는 나는 제대로 된 협상을 할 수 없다'며 오히려 협상 울렁증이 심해질 수도 있습니다.

다행히 소심하거나 말주변이 없는 사람도 협상에서 의견이 대립될 때 효율적으로 해결할 수 있는 전달 방법, 결론을 내는 방법이 있습니다.

타인과의 협상에 임할 때는 '전달하고 싶고', '인정받고 싶은' 것이 협상 상대에게 확실히 전달되어 이해를 받을 수 있도록 전달할 내용과 뉘앙스를 선택해 두어야 합니다.

그럼 전달하고 싶은 내용을 협상 상대에게 이해시키려면 어떤 전달법이 효율적일까요?

첫 번째는 무엇에 대한 대립인지를 명확히 합니다.

구체적인 방법은 다음과 같습니다.

· 무엇에 대한 대립인지 문제점을 명확히 한다.

· 의견이 대립하게 된 원인과 배경을 찾는다.

· 원하는 목표 자체가 다른 것인지, 서로의 이해가 잘못된 것인지 밝혀낸다.

· 자신이 무엇을 원하고 어떤 점에 불안을 느끼는지 I 메시지
  로 전달한다.

두 번째는 여러 가지 해결책을 제시해 보는 겁니다. 이때는
가능하면 '브레인스토밍'을 활용해 보기를 바랍니다방법은 204페
이지 참조.

브레인스토밍은 쌍방의 의견이 대립하는 상황 등에서 서로
의 생각이나 의견을 자유롭게 제시하고 서로의 요구를 만족시
키거나 타결점, 해결책을 찾아내는 데 도움이 되는 방법입니다.

가장 좋은 해결책이나 타협안을 찾으려면 고정 관념이나 선
입관, 사회 통념에 얽매이지 않고 의견을 내는 것이 중요합니다.

물론 기업 간 거래나 절충 상황에서는 브레인스토밍이 불가
능한 경우도 많습니다. 대신에 가족이나 친구 사이, 사내 의사
결정, 절충 등 활용할 수 있는 상황은 많습니다. 자유롭게 의견
을 말할 수 있고 부정하지도 않는 것이 전제이므로 평소에 의견
을 잘 말하지 못하는 소극적인 사람이라도 부담 없이 의견을 낼
수 있을 겁니다.

이 부분이 포인트!

브레인스토밍으로 해결책을 이끌어낼 것

칼럼

브레인스토밍은 다음과 같이 진행합니다.

· 나와 상대가 협력하여 문제 해결을 위한 아이디어를 낸다.

· 정해진 일정 시간 동안 가능한 한 많은 아이디어를 낸다.

· 비상식적인 아이디어나 엉뚱한 아이디어라도 상관없다.

· 아이디어는 나온 시점에서 평가하지 않고 기록한다.

· 다 나왔으면 해결책을 하나씩 평가하고 가장 좋은 해결책을
  고른다.

· 그 해결책을 어떻게 실행할지 정한다.

· 실행 결과를 검증한다.

브레인스토밍을 할 때 주의할 점

· 자유로운 분위기를 만든다.

· 아이디어의 질보다 양을 중시한다.

· 현실적이지 않더라도 머릿속에서 지우지 말고 생각나는 대
  로 말한다.

· 브레인스토밍 중에는 아이디어의 좋고 나쁨을 평가하지 않
  는다.

· 상대의 아이디어를 확대하는 발언도 환영한다.

10

상대에게
몸을 기울여 말하라

여러분은 학창 시절에 '상대의 눈을 보며 이야기하라'는 말을 들으며 자라지 않았나요? 저는 이 말을 부모님과 학교 선생님에게 자주 들은 기억이 있습니다.

이렇게 교육을 받은 사람이라면 실제 대화나 협상 중에 상대가 눈이 마주친 순간 시선을 돌리면 '소심한 사람인가'라거나 '커뮤니케이션이 서툰 사람인가'라고 생각할 수도 있습니다.

반대로 소심한 사람이라면 저도 모르게 상대의 눈을 피했을 때 '주눅 들어 보였겠지', '소심하게 보였을 거야'라는 걱정을 했을지도 모릅니다.

이렇게 말하고 보니 일반적으로 '대화나 협상을 할 때는 상대의 눈을 봐야 한다. 그렇지 않으면 협상이나 대화에서 불리해진다'와 같은 암묵적 상식이 존재하는 것 같습니다.

정말 그럴까요?

상대와 의견이 맞거나 의기투합할 때는 눈을 마주치는 것이 당연한 상식일 수도 있습니다. 그러나 서로의 견해나 원하는 조건이 다른 상대와 이야기할 때는 눈을 계속 보거나 마주 앉아 대치 상태가 되면 오히려 대결 구도가 형성되는 것 같지 않나요?

다른 의견이나 가치관을 가진 상대와 이야기할 때는 누구나 긴장하기 마련입니다. 눈과 눈을 마주치거나 정면으로 마주 보아야 한다면 숨 막히는 분위기가 만들어질 수도 있습니다.

이때는 오히려 긴장을 풀기 위해 상대에게 몸을 약간 기울여 말하는 것도 좋습니다.

물론 상대의 눈을 계속 바라보지 않아도 됩니다.

눈을 응시하는 대신 상대의 얼굴이나 어깨 부근을 바라보며 이야기하거나 들으면 어느새 긴장이 풀립니다. 그러면 협상 상대의 이야기에 자연스럽게 집중할 수 있게 됩니다. 마찬가지로 자신의 이야기를 상대도 받아들이기 쉬운 상태가 됩니다.

여러분은 '퍼스널 스페이스Personal Space'라는 말을 들어본 적 있나요? 퍼스널 스페이스란 타인이 가까워지면 불쾌해지는 공간으로, 개인 공간, 개체 거리, 대인 거리라고도 부릅니다.

남녀의 차이, 문화, 개인의 성격이나 상대에 따라서도 정도에 차이가 있지만, 일반적으로 친밀한 상대일수록 퍼스널 스페이스가 좁고 어느 정도 가까워져도 불쾌함을 느끼지 않으며 반대로 적대시하는 상대에게는 넓다고 합니다.

상대와 눈을 마주칠지 말지, 상대와 정면으로 마주 볼지 말지도 이 퍼스널 스페이스와 유사합니다.

의견이 다른 상대와 협의 절충을 시도할 때나 초면인 사람과 비즈니스 상담을 할 때는 지나치게 친밀하게 다가가는 대신 긴장한 자신의 모습과 있는 그대로의 자신을 인식하고 받아들인 다음 상대와 적당한 거리를 유지하면서 말하는 것도 좋은 방법입니다.

이 부분이 포인트!

무조건 상대와 눈을 마주칠 필요는 없다.

제 5 장

상대에게 영광을 돌리는 마무리

1

'WE'(우리)를
의식하면 상대도 같은 쪽을
바라본다

협상은 기본적으로 '자신'과 '협상 상대'라는 두 당사자 사이에서 이루어집니다. 각 당사자는 자신의 의견이나 요구를 실현하기 위해 협상을 벌입니다.

이 점만 본다면 우리는 협상 상대를 '적'으로 대하기 쉽습니다. 적까지는 아니라도 '설득해야 하는 상대'로 인식합니다. 그런데 이러한 인식이 강하면 경우에 따라서는 서로 감정적으로 치우쳐 협상이 불필요하게 길어지거나 결렬될 가능성도 있습니다.

여기서 의식해야 할 것은 '나'와 '당신'협상 상대이라는 당사자

간의 대립이 아니라 양자를 합쳐 '우리'나와 협상 상대라는 하나의 주체로 과제나 문제를 마주하는 것입니다.

'우리'라는 의식을 바탕으로 협상 상대와 마주하면 협상 상대도 '이 협상은 양자의 협력적인 팀플레이의 일환'이라고 느낄 가능성이 높아집니다. 실제로 '우리'라는 말을 사용할 수도 있겠죠. 이와 같은 관점은 동료 의식이나 공동체 관계를 형성하는 효과가 있습니다.

필요 이상으로 서로를 적대시하지 않게 될 뿐 아니라 쌍방이 공통 목표를 모색하고 추구하며 협력으로 해결책을 찾으려는 관점이 생깁니다. 서로가 우호적인 관계를 구축할 수 있게 되는 것이죠.

이와 같이 협상 당사자가 동료와 비슷한 관계로 변화해 가면 쌍방이 합의 형성을 위해 같은 벡터를 가지게 되어 협상은 단순한 의견 제시, 타협점 모색이 아닌 서로의 이익 추구를 위한 공동 작업이 됩니다.

주어를 단수형인 '나'와 '당신'에서 복수형인 '우리'로 바꾸면 쌍방의 대등한 관계를 나타낼 수 있습니다. 대등한 관계가 되면 상대를 존중하려고 자신을 낮추지 않아도 자신의 조건을 솔직하게 제시할 수 있습니다.

또 '우리'라는 주어를 명시적으로 사용하면 쌍방이 서로의 이익을 최대화하는 해결책을 찾기 위해 협력해야 한다는 뜻을 전하게 되어 건설적인 논의를 진행할 수 있습니다.

물론 협상에도 다양한 종류가 있고 협상 상대와의 관계성도 단순하지 않습니다.

관계성이 양호하다면 의식하지 않아도 주어를 '우리'로 말할 수 있겠지만, 처음부터 관계성을 구축할 필요가 있다면 조금 거부감이 들 수도 있습니다.

그동안 접점이 없었던 협상 상대에게 갑자기 '우리'라는 표현을 사용하면 무례해 보이거나 상대에게 실례가 될 것 같은 걱정이 앞설 수도 있겠죠. 그러나 협상은 혼자서 할 수 없는 공동 작업입니다. 그만큼 서로의 요구를 충족시키기 위해 동료 의식을 싹틔우는 과정은 서로에게 중요합니다.

직접 말로 하기 어려울 것 같다면 '우리'라는 관점을 자기 자신에게 심어주는 것만으로도 충분합니다. 이제부터 협상에서는 의식적으로 주어를 '나'에서 '우리'로 바꿔 보세요.

이 부분이 포인트!

마음속으로 '우리'를 의식할 것

'우리'를 주어로 말하자

상대에게 선택지를
제시하게 하라

서로의 요구나 바람, 근거 등을 전부 말했다면 이제 협상도 막바지에 접어듭니다. 이때 서로가 납득할 수 있는 구체적인 조건을 협상 상대에게 여러 개의 선택지로 제시하게 하는 방법이 있습니다. 가능하면 복잡한 이야기를 하고 싶지 않고 무리한 협상을 피하고 싶다면 이 방법은 매우 유용합니다.

포인트는 협상 상대에게 선택지를 제시하게 하는 겁니다.

선택지를 제시할 수 있는 입장에 선 상대는 자신이 주도권을 잡았다고 느낍니다. '이 사람은 내 요구를 합의에 반영해 주려고 한다'고 생각합니다.

다만 협상 상대가 제시한 선택지가 자신에게 불리한 조건이 되지 않도록 조절할 필요는 있습니다.

앞에서 설명한 것처럼 '우리'라는 말을 사용하는 등 협상 '공동체'라는 의식을 협상 상대에게 심어주는 것이 중요합니다. 이러한 태도로 협상에 임하면 협상 상대도 자신의 이해를 배려해 줄 가능성이 높아져 한쪽에만 불리한 조건을 선택지로 제시하지는 않을 겁니다.

협상 상대에게 선택지를 맡길 때는 가능하면 서로가 양보할 수 없는 중요한 포인트를 말한 다음 '몇 가지 조건을 제시해 달라'고 의뢰합니다. 상대가 선택지를 제시하면 '제시해줘서 고맙다'는 감사의 뜻을 전한 후 일단 '검토하겠다'고 말하고 돌아옵니다.

선택지를 받으면 그 자리에서 답변하지 말고 제대로 검토한 후에 답변해야 합니다.

지금까지 설명한 내용을 실천했다면 협상 상대와 우호적인 관계가 구축되었을 가능성이 높습니다. 우호적인 관계가 구축되어 있다면 상대가 협상 종반에 제시한 여러 개의 선택지 중에 여러분의 상황도 고려하여 두루 만족할 만한 내용이 포함되어 있을 겁니다.

만약 선택지 중에 만족할 수 있는 내용이 없거나 혹은 모든 선택지가 불리하다면 다시 협상 상대에게 양보할 수 없는 포인트를 제시하고 상대의 양보할 수 없는 포인트도 명확히 확인한 후 이번에는 여러분이 구체적인 대안을 제시해 보세요.

먼저 선택지를 제시하여 어느 정도 주도권을 잡았다고 생각한 협상 상대는 여러분이 제시한 대안을 무턱대고 거부하기보다는 긍정적으로 검토하려고 할 테니까요.

핵심은 협상 상대에게 '이 사람은 내 요구를 합의에 반영해 주려고 한다'고 생각하게 하는 것입니다.

이 상황에서도 앞서 설명한 '반보성의 원리'가 적용됩니다. 먼저 호의를 베풀어 준 사람에게는 함부로 대할 수 없게 되니까요.

그렇다고 실제로 주도권을 상대에게 넘긴 것은 아닙니다. 상대에게 선택지를 제시하게 하는 것은 용기가 필요할 수 있지만, 두려워하지 말고 일단 맡겨 보세요.

· ·

👀

이 부분이 포인트!

주도권은 늘 자신에게 있다.

· ·

상대에게 내 제안의
'중요성'을 알려라

이제 협상도 막바지에 접어들었습니다.

이번에는 여러분이 협상 상대에게 조건을 제시하는 경우를 떠올려 보세요. 그 조건은 자신이 받아들일 수 있는 최대한의 조건이라고 합시다.

그 조건을 상대에게도 인정받아야 하고 여기서 상대가 납득하지 않으면 협상이 결렬되거나 자신이 더 양보해야 하는 결단을 내려야 합니다.

협상이 결렬됐을 때를 대비해서 준비한 'BATNA'74페이지가 충분히 목적을 달성할 수 있다면 대안을 선택하는 것도 하나의

방법입니다. 될 수 있으면 제시한 조건을 상대가 인정하는 것
이 가장 좋겠지만요.

그러려면 상대에게도 자신이 제시한 조건이 터무니없는 것
이 아니라 만족할 만한 것이어야 합니다.

그럼 여러분이 제시한 조건을 상대에게도 '필요하다'고 느
끼게 하려면 어떻게 해야 할까요?

무엇보다 협상 상대의 목적이 무엇인지를 정확하게 이해하
는 것이 중요합니다. 지금까지 상대와 대화를 이어오면서 상대
가 원하는 조건이나 중요하다고 생각하는 포인트의 본질이 무
엇인지를 찾아내는 겁니다.

상대가 제시한 조건을 액면 그대로 받아들이지 말고 상대가
한 말이나 표현 하나하나에서 느껴지는 '중요하다고 생각하는
본질적인 포인트'를 찾아내 말로 표현하는 것입니다.

예를 들어 자신이 제시한 조건을 'A', 상대씨가 본질적으로
중요시하는 포인트를 'B'라고 합시다.

그리고 자신의 조건을 제시할 때는 다음과 같이 말합니다.

"이번에 제가 제시하고 싶은 조건은 A입니다. 지금까지 우리가 나눈 이야기를 정리해 보면 X씨가 양보할 수 없는 중요한 포인트는 B라고 생각합니다. 저는 X씨가 중요하다고 생각하는 B를 충족시키기 위해 제가 제시할 수 있는 제안은 무엇인지 생각했습니다. 그 결과 ~~라는 이유로, A라면 B를 실현할 수 있다고 생각했습니다."

우리는 자신이 진짜 원하는 것을 막연하게 생각하는 경우가 많습니다 48페이지 참고. 따라서 협상 상대인 여러분이 상대가 중시하는 목적의 본질을 말로 표현해 주고 상대를 배려하여 조건을 제시하면 상대는 자신의 의견이나 생각을 존중받았다고 느끼면서 조건을 이해하게 됩니다.

'A라는 제안에는 B라는 포인트도 포함되어 있다'라고 직접적으로 전달하기보다 '당신의 만족도 역시 충분히 고려했다'는 뉘앙스를 포함하여 전달하면 상대는 여러분이 제시한 조건을 쉽게 받아들일 수 있게 됩니다.

또 제시한 조건이 상대에게 비현실적인 것이 아니라 충분히 실현 가능함을 이해시키는 것도 중요합니다. 이때는 가능하다고 생각하는 근거를 들어 설명합니다. 근거가 뒷받침된 조건을 제시하면 상대도 쉽게 조건을 납득할 수 있을 겁니다.

이 부분이 포인트!

상대의 만족도를 고려할 것

상대의 감정을
움직여라

드디어 협상의 최종 단계입니다. 이왕이면 자신이 제안하는 조건으로 협상 상대에게 '예스'를 이끌어내고 싶을 겁니다. 그럼 상대에게 '예스'를 이끌어내려면 어떻게 해야 할까요? 물건이나 서비스를 구입하는 상황을 떠올려 봅시다. 이때 여러분의 마음속에서 무슨 일이 일어나고 있는지를 파악하는 것이 힌트가 됩니다.

예를 들어 스포츠센터나 헬스장에 다니는 상황을 상상해 보세요. 왜 그곳에 다니고 있나요? 물론 사람마다 다르겠지만, 아마도 모든 사람이 공통으로 하는 생각은 '불만스러운 현재 상황에서 탈출'하여 '보다 이상적인 상태를 얻고 싶다'일 겁니다.

저 역시 그랬거든요. 수년 전에 스포츠센터의 퍼스널 트레이
닝을 신청했을 때 제 몸무게는 적정 체중인 70킬로그램보다 훨
씬 높은 81킬로그램이었습니다. 몸은 무겁고 뱃살은 처져 있었
으며 동네 야구 모임에서 뛸 때도 스텝이 꼬일 정도였으니 차마
눈 뜨고 볼 수 없는 상태였죠.

가능하면 탄탄한 잔근육을 가진 스타일이 되고 싶다, 근육을
만들어서 동네 야구 모임에서도 가뿐하게 내야를 뛰고 싶다는
생각에 스포츠센터의 퍼스널 트레이닝을 신청했던 겁니다.

그때 센터 접수 직원은 제 현재 상황과 이상향을 명확히 제
시한 후 추천 코스를 제안해 주었고, 저는 직원이 제안한 레슨
을 받기로 정했습니다. 접수 직원은 저에게 다음 두 가지를 의
식하게 함으로써 레슨을 판매하는 데 성공한 셈입니다.

· 현재 상황의 '불만'
· 레슨을 받으면 얻게 될 '이상향'의 미래 모습

이러한 형식은 어떠한 협상에서라도 사용할 수 있지 않을
까요?

불만스러운 현재 상황에서 벗어나 이상적인 미래를 손에 넣

고 싶은 심리가 작용하기 때문에 우리는 다양한 결단을 내릴 수 있는 것이죠. 그렇다면 어떠한 협상에서든 상대에게 '예스'를 말하게 하려면 불만스러운 현재 상황에서 이상적인 미래로 도약할 수 있다는 감정을 불러일으켜야 합니다.

이전에 제게 남편과의 이혼 협의를 의뢰한 분이 있었습니다. 이혼 시에는 위자료와 재산 분할, 자녀가 있다면 친권, 양육권, 면접 교섭 조건 등 정해야 할 사항이 많습니다.

이 안건에서는 의뢰자가 제시하는 이상적인 조건과 상대방남편이 생각하는 타결 가능한 조건에 큰 괴리가 있었습니다. 더군다나 의뢰자에게는 상대방에게 양보하지 않아도 될 만한 배경 사정이 있었죠.

다만 제반 상황을 고려할 때 어느 부분에서 양보하지 않으면 서로에게 득이 되지 않을 뿐 아니라 상황이 진전될 수 없음을 알고 있었기 때문에 저희 쪽에서는 타협의 필요성에 대해 의뢰자에게 '예스'를 이끌어내야 했습니다.

여기서 저는 협의가 평행선을 달리는 현재 상황을 의뢰자가 어떻게 생각하는지, 어떻게 느끼는지 물었습니다. 답변은 매우 부정적이었습니다.

답변을 듣고 나서 '그럼 어떤 상태를 원하는가', '그 상태가 된다면 어떤 느낌이 들겠는가'를 물었습니다.

그리고 '이 협의가 평행선을 벗어나지 못하면 어떤 상황이 되는지'를 숫자, 논리적 흐름, 비용과 같은 객관적인 자료와 그림을 제시하여 시각적으로 인식할 수 있도록 설명했습니다.

의뢰자에게는 먹구름이 낀 듯한 받아들이기 힘든 내용이었을지도 모릅니다. 이번에는 '일정한 타결이 이루어지면 어떤 상태가 되는지'를 숫자, 논리적 흐름, 비용과 같은 객관적인 자료를 들어 제시한 후 그림으로 인식할 수 있도록 설명했습니다.

구체적으로는 혼인 상태를 유지한 상황에서 분쟁을 지속하여 받게 될 정신적 부담의 정도, 변호사 비용의 차이, 이대로 재판에서 싸운 경우와 협의를 성립시킨 경우에 각각 얻을 수 있는 경제적 이익의 차이 등을 인식하도록 도왔습니다.

의뢰자가 제 설명을 다 듣고 나자 "선생님, 양보하죠!"라고 타협을 결정해 주었습니다.

이와 같이 숫자, 논리, 그림이나 영상 등으로 불편한 현재 상황과 쾌적한 미래의 간극을 제시하면 감정을 움직일 수 있습니다.

👀
이 부분이 포인트!

불편한 현재와 밝은 미래의 간극을 제시하여
감정을 움직일 것

5

'산포요시'의
정신을 실천하라

자신도 상대도 납득하는 협상 결과를 얻기 위해 명심해야 할
두 가지가 있습니다.

첫 번째는 'ZOPA'입니다. ZOPA는 'Zone Of Possible
Agreement'의 약자로, 직역하면 '쌍방이 합의 가능한 조건 범
위'입니다. 쉽게 말해서 '서로가 양보할 수 있는 범위가 겹쳐 있
는 부분'입니다.

우리는 자신이 원하는 조건을 제시할 때 마음속으로 어느 정
도의 폭을 정해 둡니다. 예를 들어 이직할 때 제시할 희망 연봉

을 생각해 봅시다. 이직 후 희망 연봉은 최대 6,500만 원이지만, 6,000만 원까지는 합의 가능한 상황입니다.

　이와 같이 대부분의 경우 당면한 협상에서 만족할 수 있는 한계치, 즉 최종 합의점을 준비합니다.
　협상 상대도 마찬가지일 겁니다. 상대는 자기 나름대로 스스로 만족할 수 있는 합의 가능한 조건 범위를 설정합니다. 앞서 든 이직의 예시로 돌아가면 이직할 회사가 제시할 수 있는 연봉은 6,200~5,800만 원이라고 합시다. 여기서 ZOPA는 6,200~6,000만 원이 됩니다.

　자기 자신의 한계치를 아는 것은 쉬울 수 있어도 협상 상대의 한계치를 알기는 쉽지 않습니다. 따라서 협상 상대와의 대화 중에 주의 깊게 듣고 상대가 원하는 것이 무엇인지를 이해하도록 노력하는 것이 중요합니다.
　이때 협상 상대에게는 앞에서 설명한 것처럼 '현재 상황의 불편함'과 '미래에 얻을 수 있는 쾌적함'의 간극을 활용하여 '그 최종 합의점은 당신에게도 이점이 있다'는 점을 전달해 보세요.

　두 번째는 '산포요시三方よし'입니다.

옛 오미近江 교토 동쪽 시가현 지역 상인들은 '파는 사람과 사는 사람
이 만족할 뿐 아니라 사회에도 공헌해야 비로소 좋은 장사라고
할 수 있다'는 산포요시의 경영 철학을 따랐다고 합니다.

다시 말해 제시한 조건이 자신과 상대뿐 아니라 다른 누군가
에게혹은 사회에도 이로워야 한다는 시점에서 검증하고 협상 상대
와도 공유할 필요가 있습니다.

'협상 당사자 이외의 이익을 왜 고려해야 하지'라고 의문을
품을 수도 있습니다. 그런데 자신들의 합의로 나온 결과가 당
사자 이외의 누군가에게도 이익이 된다면 뿌듯하지 않을까요?

무엇보다 타인의 이익사회의 이익에 공헌할 수 있다는 자긍심
이 생깁니다. 그리고 '사회에 도움이 되었다'는 의식이 토대가
된 행동은 돌고 돌아서 자신의 이익으로 되돌아오리라 생각합
니다.

그렇다면 비즈니스 상담은 물론 그 이외의 협상에도 응용할
수 있지 않을까요?

예를 들어 분쟁을 정리하는 합의 협상에서도 자신이 양보하
는 것이 왠지 못마땅할 때가 종종 있을 겁니다. 협상 상대에게
만 의식이 향해 있으면 '왜 저 사람을 위해 내가 양보해야 하는

가'라는 마음이 들 수도 있습니다.

그런데 합의된 양보안으로 다른 제3자가 이익을 얻고 기쁨을 누린다고 생각하면 자신의 마음도 흡족해질 수 있습니다. 제3자의 이익은 곧 자신의 이익이 될 수 있으니까요.

이전에 건설 업체 간 하청 대금 미지급 문제가 소송으로 번진 경우가 있었습니다. 대금 청구를 받은 B사는 자금난을 겪으며 상당한 부채를 안고 있었기 때문에 분할로 지급할 수밖에 없는 상황이었습니다. 채권자인 A사는 B사에 미지급 대금을 분할로 지급받기로 하여 화해가 성립되었지만, 도중에 지급이 지체되고 말았습니다.

일반적으로는 그 시점에 강제 집행을 진행하여 최대한 채권을 회수하고 만일 B사가 파산하면 나머지는 포기하는 선택을 하는 경우도 많습니다. 그런데 이때 A사의 사장은 'B사가 파산하면 B사에 건축을 의뢰한 발주사들이 힘들어질 것이다. 강제 집행을 진행하지 않고 지금처럼 귀사를 믿고 다시 매달 지급되기를 기다리겠다'고 B사에 전달했다고 합니다.

얼마 지나지 않아 B사의 재무 상황이 서서히 회복되기 시작했고 분할금도 매달 지급할 수 있게 되었습니다. 결과적으로는 정해진 분할금보다 매달 많은 금액이 지급되어 전액 회수가 이루어졌습니다.

만일 눈앞의 이익을 우선하여 A사가 강제 집행에 나섰다면 일부 금액밖에 회수하지 못했을 뿐 아니라 B사에 발주한 업체들도 난감한 상황에 빠졌을 겁니다.

여기서 다른 발주사인 제3자의 이익을 고려한 행동을 선택한 덕분에 제3자도, 자신A사도 결과적으로 위기를 극복할 수 있었습니다. 이처럼 산포요시의 정신을 발휘하면 다양한 협상 상황에서 득이 되는 결과를 얻을 수 있습니다.

. . . .

👀

이 부분이 포인트!

ZOPA와 산포요시를 명심할 것

. . . .

'소소한 서프라이즈 서비스'를 하라

여러분은 선술집에서 작은 서비스 안주를 받고 기분이 유쾌해진 적이 있나요?

제게도 그런 기억이 있습니다. 10여 년 전 동네 야구 모임의 시합이나 연습 경기가 끝나면 팀원들과 함께 그 근처의 중화 요릿집에 들르곤 했었죠.

저희 팀원들이 워낙 잘 먹고 잘 마셔서인지 요릿집 점원은 저희가 갈 때마다 계산이 다 끝난 후에도 요리 한 접시를 서비스로 내주었습니다. 그 서프라이즈 서비스를 받는 재미가 쏠쏠했습니다.

공짜로 받는 소소한 서프라이즈 서비스가 기분을 유쾌하게 만들어 주더군요.

여기서 핵심은 '소소하다'는 점입니다.

주는 사람의 부담이 큰 서비스는 상대에게 죄의식을 줄 수 있습니다. 결과적으로 상대를 기쁘게 할 수 없겠죠.

반대로 주는 사람의 부담이 작으면 흔쾌히 상대에게 베풀 수 있습니다. 바로 그 '흔쾌한' 마음이 상대에게도 전달되는 것이죠. 그리고 그 흔쾌한 마음이 서프라이즈로 전해지기 때문에 더욱 유쾌하게 느껴집니다.

상대의 웃는 얼굴을 보면 덩달아 기분이 좋아집니다. '끝이 좋으면 다 좋다'라는 말이 있듯이 협상의 마지막 분위기가 좋으면 자신의 마음도 편안해지니까요.

제가 변호사로 막 독립했을 때 비슷한 경험을 한 적이 있습니다. 어느 의뢰자에게 받은 사건이 종료되었을 때의 일입니다. 저는 의뢰자와 사전에 맺은 계약서에 따라 변호사 보수로 400만 원가상의 금액입니다을 받기로 되어 있었는데, 경제적 상황이 여의치 않았던 의뢰자가 200만 원만 깎아달라는 부탁을 했던 겁니다.

계약서상으로는 보수 금액이 정확히 400만 원으로 되어 있었기 때문에 분할로 전액을 청구할 수도 있었겠지만, 당시 저는 반액인 200만 원만 받기로 타협했습니다. 제가 보수를 반액으로 인하한 청구서를 건네자 의뢰자는 눈물을 훔치며 '고맙다'는 말을 남기고 돌아갔습니다.

그리고 얼마 후 의뢰자에게 입금된 금액을 확인해보니 청구한 200만 원보다 많은 300만 원이 입금되어 있는 겁니다. 의뢰자는 '저를 위해 애써주신 마음에 대한 보답으로 조금 더 담았습니다'라고 말하더군요.

그 당시 저는 보수를 더 받게 된 기쁨도 있었지만 '자신을 위해 애써준 마음에 대한 보답'이라는 말에 보람을 느꼈습니다. 이분이 다시 상담을 오셨을 때는 정성을 다해 응하고 싶은 마음이 들 정도입니다.

이해하기 쉽게 제가 경험한 단적인 예를 소개했습니다. 이 경험에서 제가 느낀 점은 마지막의 마지막에 받은 서비스나 타협은 그만큼 상대에게 강한 인상을 주기 때문에 은혜로 여겨서 갚고 싶다고 생각한다는 것입니다.

그렇다고 너무 큰 금액을 깎거나 지출할 필요는 없습니다. 제시한 자신의 조건에 큰 영향을 주지 않을 정도로, 실리적인 것이 아니더라도 배려나 마음 씀씀이에 가까운 무언가를 상대에게 제공하는 것으로도 충분합니다.

좋은 협상이 곧 좋은 커뮤니케이션이며 그것이 가능하면 공동체 의식이 강해집니다. 동료에게는 마지막에 좋은 기억을 남기고 싶은 마음이 생기는 것처럼 좋은 협상이 되면 저절로 배려의 마음이 생깁니다.

어떤 협상에서든 작지만 플러스알파가 되는 서비스를 해야하는 것은 아닙니다. 상황이나 사안에 따라서는 그러한 서비스를 제공할 마음의 여유를 가질 수 없을 때도 당연히 있으니까요.

협상 상대와의 관계성을 고려하여 소소한 서프라이즈 서비스를 할 수 있다면 솔직하게 상대에게 자기 자신의 마음을 구체적으로 전달해 보세요. 소소한 서비스는 협상 상대에게 '앞으로도 잘 부탁해'라는 메시지가 되기도 합니다.

서비스를 받은 상대는 그 마음을 잊지 못할 겁니다. 고마운 마음과 은혜를 갚고 싶은 마음이 계속 남게 되죠. 타인에게 오랫동안 좋은 인상을 줄 수 있다면 그보다 더 좋은 것이 있을까요?

협상 후에도 긍정적인 관계성을 쌓을 수 있도록 꾸밈없는 감사의 마음부터 표현해 보세요.

이 부분이 포인트!

좋은 관계를 만드는 연출을 생각할 것

○ 소소한 서프라이즈는 기쁨을 준다

제 6 장

'원만한 마무리'를 위해 지녀야 할 마음의 습관

명상으로
깊은 호흡을 하라

이번 장에서는 보다 나은 협상 결과를 이끌어내는 데 도움이 되는 추천 습관을 소개하고자 합니다.

가장 먼저 소개해 드릴 습관은 '명상'입니다. 여러분도 이미 일상에서 실천하고 있는 습관일 수도 있겠네요. 명상의 좋은 점은 무엇보다 천천히 심호흡을 할 수 있다는 점입니다.

심호흡은 평소에 의식하지 않으면 거의 하지 못합니다. 단순한 깊은 호흡이라도 다양한 이점이 있습니다.

명상으로 심호흡을 의식적으로 할 수 있게 되면 자율신경이 교감신경 우위에서 부교감신경 우위로 전환되어 매우 편안한 상태가 만들어집니다.

명상이 일상의 습관이 되면 사안에 냉정하게 대처할 수 있을 뿐 아니라 감정적으로 치우치지 않고 타인과 커뮤니케이션할 수 있게 됩니다. 다시 말해 '태연자약泰然自若 - 마음에 어떠한 충동을 받아도 움직임이 없이 천연스러움'한 상태를 만들 수 있는 것이죠.

명상 습관은 협상에서도 도움이 됩니다. 협상은 서로의 이해를 조정하여 합의에 이르는 과정이므로 그 나름대로 스트레스나 긴장을 유발합니다. 그런데 긴장하면 교감신경이 우위에 서기 쉽습니다.

명상이나 심호흡이 습관화되어 있으면 협상과 같은 스트레스를 받는 상황에서도 교감신경이 우위에 서는 것을 억제할 수 있습니다.

스트레스를 받지 않게 되면 설령 상대가 감정을 드러낸 상태라고 해도 과도하게 반응하지 않고 침착한 태도를 유지할 수 있습니다. 상대의 입장을 배려하면서 대화할 수 있게 되므로 냉정한 논의로 나아가게 됩니다.

저도 5~6년 전부터 일상에서 명상을 습관처럼 실천하고 있습니다. 상대와 협상을 할 때나 재판에 임할 때에도 직전에 혼자만 있을 수 있는 공간을 찾아 명상을 합니다.

저의 명상 방법을 간단히 설명하면 다음과 같습니다.

1. 의자에 앉아 좌골을 세워 등줄기를 편다.

2. 턱을 당긴다.

3. 가슴을 편다.

4. 양 손바닥을 허벅지 위에 위를 향하도록 놓는다.

5. 먼저 입으로 20~30초에 걸쳐 천천히 숨을 내쉰다.

6. 그대로 5초 정도 숨을 참는다.

7. 약 10초에 걸쳐 코로 숨을 들이마신다.

8. 눈은 반쯤 뜬 상태로 조금 멀리 바라보며 호흡한다.

저는 이 과정을 10~20분 정도 반복합니다. 시간이 없을 때는 2~3분 정도라도 괜찮습니다. 명상을 할 때는 이런저런 생각이나 상상이 머릿속에 차오를 겁니다. 이때는 머릿속에 떠오르는 생각이나 상상을 그대로 둔 상태로 떠오른 생각을 쫓지 말고 그냥 멍하니 바라보듯이 내버려 두세요.

떠오른 생각들이 흘러가다가 사라지고 다시 떠올라서 흘러가다가 사라지기를 반복합니다. 마치 '흘러가는 구름'처럼 말입니다.

저는 명상의 실천으로 감정에 치우친 행동이 줄었고 일상생활에서도 침착성을 유지할 수 있게 되었습니다.

명상을 하기 전보다 하고 나서의 행복감도 증가한 것 같습니다.

반복해서 말하지만 협상에서는 감정에 휘둘리지 않고 냉정함을 유지하는 것이 중요합니다. 감정에 휘둘리면 냉정한 판단을 할 수 없게 되어 자신의 조건에 집착한 나머지 상대에게도 유연하게 대응할 수 없게 됩니다.

그렇다고 협상할 때만 냉정함을 유지하기란 어렵습니다. 평소에 명상으로 심호흡을 습관화하여 일상에서도 외적 스트레스에 영향을 덜 받는 정신 상태를 만들어 놓는 것이 도움이 됩니다.

또 사안에 냉정하게 대응할 수 있으면 소심하거나 말주변이 없어도 개의치 않게 됩니다.

이 부분이 포인트!

편안한 상태에서 좋은 협상이 가능하다.

일상에서도
'천천히'를 명심하라

저는 평소에 급할 때일수록 '천천히' 행동하려고 합니다. 서둘러야 할 때는 오히려 행동 속도를 줄이는 거죠.

예를 들어 역 개찰구로 들어가 계단을 내려가려는데 플랫폼에 전철이 들어와 있으면 무심결에 뛰어 내려가고 싶은 마음이 듭니다. 출근 시간이나 약속 시간이 얼마 남지 않았을 때는 더욱 서두르게 되죠.

저도 이전에는 무조건 뛰어 내려갔지만 지금은 뛰지 않습니다. 처음에는 조급해하지 말고 여유 있는 생활을 추구하려는 마음에서 시도해 보았습니다.

그랬더니 초조해하며 뛰어 내려가서 탈 때나 천천히 플랫폼을 향해 걸어 내려가 다음 전철을 탈 때나 현실은 크게 달라지지 않음을 깨달았습니다.

가령 약속 시간에 조금 늦는다고 해서 자신에 대한 평가가 극단적으로 낮아지는 것은 아닙니다. 물론 여유를 가지고 천천히 행동하며 시간에 맞춰 가는 편이 좋겠지만요.

규칙을 신경 써서 잘 지키는 사람이나 성실한 사람일수록 늦으면 안 된다거나 상대가 화를 낼지도 모른다며 아직 일어나지도 않는 일에 지나친 불안을 느낄 수 있습니다. 그러나 걱정은 기우로 끝나는 경우도 많습니다. 초조해하지 말고 어떻게든 될 거라고 생각하는 자세도 중요합니다.

또 행동뿐 아니라 말을 할 때도 마찬가지입니다. 무슨 말을 했는지보다 어떻게 전달했는지에 따라 상대가 받게 되는 인상이 달라집니다. 설령 화가 났더라도 온화한 어조로 천천히 말하려는 마음가짐을 지니면 상대도 감정적으로 치우치지 않을 겁니다178페이지.

협상처럼 비일상적인 상황에서도 천천히 말할 수 있도록 평소에 침착한 어조를 습관화해 보세요.

여유가 없다고 느낄 때일수록 더욱 '천천히 행동하겠다'는 마음가짐이 중요합니다. 서두르려는 마음을 가라앉히고 일부러 더 천천히 행동해 보세요.

서두르려는 마음을 억누를 수 없을 때라도 아주 조금씩 속도를 늦춰 충동적으로 나아가지 않도록 마음을 다잡아 보세요.

앞에서 설명한 것처럼 명상으로 마음을 진정시키는 것도 좋은 방법입니다.

초조하거나 서두르는 사람은 마음이 다른 곳에 뺏겨 상대의 이야기를 주의 깊게 듣지 못할 수도 있습니다. 상대도 그 태도를 눈치채기 때문에 순조로운 커뮤니케이션을 기대할 수 없게 됩니다.

저는 평소에 대화할 때 천천히 말하는 편입니다. 그래서 협상할 때도 자연스럽게 천천히 말할 수 있게 되었습니다. 상대가 성격이 급하더라도 '천천히 말해 달라'는 말을 들어본 적은 없습니다. 만일 상대가 조바심을 내더라도 그것은 상대가 해결해야 할 문제이므로 합의 형성에 지장을 주지는 않습니다.

또 천천히 말하는 것은 상대에 대한 존중의 표시가 될 수 있으므로 그 마음이 상대에게도 전달됩니다. 자신을 중요하게 여긴다고 인식한 상대는 여러분과의 커뮤니케이션을 소중히 여기며 관계 구축에도 주력하게 되어 협상에서 받게 되는 스트레스도 줄어듭니다.

　이렇듯 천천히 말하는 것은 상대는 물론 자신에게도 정신적으로 긍정적인 효과가 있습니다.

👀

이 부분이 포인트!

여유가 없을 때일수록 '천천히'

◌ 평소에도 '천천히'를 명심하자

오늘도 '괜찮았다'고
말해주기

    협상은 혼자서 하는 것이 아니기 때문에 자신이 예상한 스토리대로 진행되지 않는 경우가 다반사입니다. 그렇다고 그때마다 우왕좌왕하기만 할 수는 없습니다.

    여러분은 평소와 다른 일이 일어나면 마음이 불안해지나요? 누구나 불안해질 겁니다. 예를 들면 다음과 같은 상황이 불안을 불러일으킵니다.

· 올 시간이 된 전철이 오지 않는다.

· 태풍이 올 것 같다.

· 매일 즐겨 찾던 카페가 며칠째 휴업 중이다.

· 신종 코로나바이러스에 감염되었다.

신문이나 뉴스, SNS와 같은 매체에는 슬프고 비참한 뉴스들이 넘쳐납니다. 이러한 정보를 매일 접하다 보면 세상은 부정적인 일들만 가득하다는 착각에 빠지게 됩니다.

그런 착각 속에 빠져 있으면 주위에서 평소와 다른 일이 일어났을 때 '잘 안 될 것 같다'거나 '큰일이 일어날 것 같다'와 같은 생각으로 이어져 불안에 짓눌릴 수 있습니다.

그러나 냉정을 되찾고 객관적으로 바라보세요.

물론 인생에서 일어나는 모든 일이 100% 좋은 일은 아니더라도 대부분은 걱정한 것보다 아무 일도 아닐 겁니다. '자신은 운이 나쁘다'고 말하는 사람도 매일 살아가고 있고, 밥을 먹고, 평범하게 생활하고 있으니까요.

따라서 만일 평소와 다른 일이 일어났더라도 그 차이에 얽매이지 않도록 '괜찮아'라고 자신에게 말할 수 있는 마음가짐을 길러 보세요.

갑자기 모든 일을 '괜찮다'라고 받아들이기는 어렵겠지만, 먼저 일상에서 가능한 범위부터 시도해 보세요. 평소와 다른 이례적인 일이 일어났을 때 그 일이 자신의 인생에서 얼마나 의미가 있는지, 큰 영향을 미치는 일인지를 생각해 봅니다. 아마도 대부분의 일은 큰 영향을 미치지 않을뿐더러 불분명한 위화감에 지나지 않음을 깨닫게 될 겁니다.

　이러한 깨달음을 얻었다면 다음에 비슷한 상황에서 사소한 '차이'나 '어려움'이 생기더라도 마음을 졸이지 않고 '괜찮아'라고 자기 자신에게 말할 수 있을 겁니다.

괜찮았어 일기

- 상사에게 무심코 반말이 튀어나왔는데, 눈치를 채지 못한 것 같아서 괜찮았다.
- 사무실 메일을 며칠 동안 사용할 수 없었는데, 큰 지장이 없어서 괜찮았다.
- 약속을 깜빡 잊고 있었는데, 상대도 감기에 걸려서 나오지 않아서 괜찮았다.
- 비행기 시간을 놓쳐서 초조했는데, 다음 비행기로 바꿔줘서 괜찮았다.

...

또 마음이 약하거나 쉽게 불안해진다면 평소에 '괜찮았어 일기'를 써 보세요.

이 방법은 평소에 조금 불안한 일이 있었지만 결과적으로 아무 일도 일어나지 않은 일을 가시화하여 괜찮다는 마음가짐을 강화하는 작업입니다.

일상의 작은 일을 '괜찮다'고 느끼게 되면 비일상적인 체험인 협상에서도 '우여곡절이 있겠지만 결과는 괜찮을 거야'라거나 '협상이 실패하더라도 괜찮아'라고 침착한 마음으로 임할 수 있게 됩니다.

불필요한 조바심을 버리고 마음에 여백을 만들어 두려면 평소에 '괜찮아'라고 생각하는 마음가짐이 중요합니다.

이 부분이 포인트!

걱정한 일의 대부분은 아무 일도 아니다.

'하지 않으면 안 된다'와
'해야 한다'는 강박을
내려놓자

협상을 원만하게 마무리하려면 평소에 '하지 않으면 안 된다'와 '해야 한다'는 강박을 내려놓는 것도 중요합니다. 비단 협상뿐 아니라 평소에도 필요한 사고방식입니다.

그럼 '하지 않으면 안 된다'와 '해야 한다'는 사고방식이란 무엇일까요?

자신 안에서 확립된 '~이란 이런 것이다'라거나 '~이란 이래야 한다', '~이어야 한다'와 같은 규칙을 말합니다.

예를 들어 '타인에게는 예의 있게 해야 한다'거나 '돈은 낭비하지 말고 저축해야 한다', '윗사람인 선배에게는 경어를 써야 한다'를 들 수 있습니다. 대부분의 사람은 저마다 이러한 규칙을 가지고 있습니다. 그중에서도 '예의'나 '낭비', '경어'에 대한 평가는 사람마다 다를 수 있습니다.

우리는 태어나고 자란 환경이나 경험한 일 등이 모두 다르기 때문에 처한 환경과 겪은 일에 따라 어떤 말투라면 '예의'가 있는 것인지, 어떻게 돈을 써야 '낭비'가 아닌지 사람마다 기준이 다를 수밖에 없습니다.

자신 안에서 확립된 '본연의 모습'이나 '규칙'을 토대로 상대와 협상을 하면 당연히 협상 상대의 말과 행동이나 제시 조건에 위화감을 느끼거나 상식적이지 않다고 섣불리 평가해 버릴 수 있습니다.

결국 자신만의 세계에서 통하는 정답에 얽매여 협상 상대에게도 자신의 규칙을 세상의 규칙인 것처럼 강요하게 되어 협상이 난항을 겪게 됩니다. 이 점이 '하지 않으며 안 된다'와 '해야 한다' 사고의 단점입니다.

여러 번 반복하지만, 협상을 진행할 때는 감정에 휘둘리지 않고 냉정함을 유지하는 것이 중요합니다. 그러려면 '이래야 한다'거나 '이렇게 하지 않으면 안 된다'와 같은 강박에 얽매이

지 않고 자기 자신이나 타인을 담담한 자세로 대하는 것이 바람
직합니다.

이러한 '하지 않으면 안 된다'와 '해야 한다'는 사고는 크게
두 가지 과정으로 형성됩니다.

하나는 유소년기에 가족이나 주위와의 관계성 안에서 자신
이 앞으로도 생존하기 위해 스스로 만들어냅니다.

부모에게 인정받고 싶다, 타인에게 인정받고 싶다는 마음에
서 '이렇게 해야 한다', '이래야 한다'는 규칙을 스스로 정하는
것이죠.

또 하나는 학교나 동아리 활동 등 집밖에서 이루어진 교육으
로 형성됩니다.

저는 학창 시절 초중고 야구부에 소속되어 활동했습니다. 당
시에는 지금보다 선후배의 상하 관계가 엄격하고 선배가 하는
말에 이론을 제기하는 것은 금기시되었습니다. 다른 의견이나
자신의 의견을 말하면 건방진 행동으로 여겨지기도 했죠.

반대로 이러한 규칙은 사회에 나와서는 통용되지 않습니다.

사회에서는 자신의 의견을 말하지 않으면 의욕이 없어 보인
다고 위화감을 가지는 사람이 더 많아집니다.

저는 사회인이 되고 나서도 한동안 이 사고 습관에서 벗어나지 못해 의견을 말하지 못했습니다. 윗사람의 말을 거역하거나 반대 의견을 말해서는 안 된다는 사고가 방해를 했던 거죠.

이러한 사고에 젖어 있다 보니 동료가 윗사람에게 반대 의견을 말하면 그 동료에게 질투가 나거나 초조해지는 감정이 싹트기도 했습니다.

평소에 '하지 않으면 안 된다', '해야 한다'는 사고 때문에 인간관계나 협상을 잘 이끌어가지 못하는 사람 중에는 성실하고 사려가 깊은 성격인 사람들이 많습니다.

'자신은 그런 고정 관념이나 사고 습관이 없다'고 생각하는 사람이라도 자기 자신을 객관적으로 바라보면 의외로 '하지 않으면 안 된다', '해야 한다'는 사고에 얽매여 있는 경우가 있습니다.

만일 자신 안에 있는 작은 규칙이나 집착을 발견했다면 일단 내려놓는 것부터 시도해 보세요.

또 타인이나 책과의 만남을 통해서도 자기 인식이 높아질 수 있으므로 평소에는 접점이 없던 분야의 책이나 사람들과 만나는 기회를 의도적으로 만들어 보는 것도 좋습니다.

자신 안에서 정한 혹은 쌓아 올린 '하지 않으면 안 된다'나 '해야 한다'는 강박을 느슨하게 풀면 협상 상대에 대한 허용성도 증가하여 더 원활한 협상을 기대할 수 있을 겁니다.

👀

이 부분이 포인트!

자신을 얽매는 사고에서 벗어날 것

'고마워'라고 말하는
습관을 기르자

협상의 성공뿐 아니라 무난한 인간관계를 구축하려면 평소
에 '고마워'라고 감사하는 습관을 기르는 것이 매우 중요합니
다. 감사는 행운을 끌어당기는 방법이기도 하죠.

여러분 주위에도 '고마워'가 말버릇인 사람이 있을 겁니다.

개중에는 '감사할 일이 없는데도 왜 고맙다고 해야 하지?'라
고 생각하는 사람도 있을 겁니다. 그런 사람은 굉장히 진실한
사람일 거라고 생각합니다. 혹은 자신의 인생과 현실이 마음대
로 되지 않는다고 느끼는 사람일 수도 있습니다. 그 마음을 저
도 잘 압니다. 이전에 저도 그랬거든요.

그런데 '지금보다 더 나은 인생을 살고 싶다'거나 '더 행복해
지고 싶다', '더 나은 인간관계를 쌓고 싶다'는 생각이 든다면
'고마워'를 말버릇으로 만들어 보세요.

누구나 '고마워'라는 말을 듣고 기분이 상하는 일은 없으니
까요.

협상을 포함한 대인관계는 상대와의 커뮤니케이션을 통해
관계를 구축합니다. 가능하면 감사의 마음이 가득한 사람과 관
계를 쌓고 싶은 마음이 드는 것은 자연스러운 이치입니다. 이
왕이면 자신을 유쾌한 기분으로 만들어 주는 사람과 커뮤니케
이션을 하고 싶은 거죠.

푸념과 불만으로 가득한 마음이 강한 사람 주위에는 마찬가
지로 푸념과 불만을 가진 사람이 모이고, 행복과 감사의 마음이
넘치는 사람 주위에는 마찬가지로 행복과 감사의 마음을 가진
사람들이 모이는 법입니다. 행복과 감사의 마음으로 가득 채우
기 위해 가장 손쉬운 방법이 바로 입버릇을 바꾸는 것입니다.

처음에는 진심이 담겨 있지 않아도 괜찮습니다. 그저 습관적
으로 '고마워'라고 말해도 됩니다. 저는 집과 직장을 오고 갈 때

수시로 '고마워'라고 말하며 출퇴근하던 시기가 있었습니다.

　하루에 1000번 이상은 '고마워'라고 입 밖으로 소리 내어 말했습니다. 말주변이 없는 제게는 '고마워'라는 말의 허들이 조금 높았지만 습관이 되니 어느 순간 편해졌습니다.

　하루 일과를 마치고 잠들기 전에는 그날 일어난 일 중에서 감사할 일을 찾아 일기에 적었습니다. 감사할 일이 별로 없다고 생각할지도 모르지만, 곁에서 볼 때 아주 사소하게 보이는 것일수록 효과적입니다.

　예를 들어 '전철이 오늘도 정각에 왔다'거나 '편의점이 24시간 영업한다'와 같이 평소에는 당연하게 생각한 것이라도 그 자체가 고마운 일이 될 수 있습니다.

　쉽게 말하면 '숨을 쉬고 있는 것'도 고마운 일입니다. 평소에 아무렇지도 않게 숨을 쉴 수 있고 다양한 경험을 할 수 있는 것, 바로 '살아 있는 것만으로도 엄청난 이득이다'라는 어느 배우의 좌우명처럼 말이죠.

　당연하다고 여기는 사소한 일에 감사할 수 있게 되면 일상생활과 업무 중에 일어나는 소소한 일에도 감사하는 마음을 품게 되고, 나아가 커뮤니케이션 상대에게 느끼는 감사의 농도가 짙

어집니다.

    만일 협상 상대가 부정적인 감정을 드러내더라도 상대의 나쁜 면이 아니라 상대의 좋은 면, 감사할 만한 부분에 관심을 돌리게 되어 좋은 의미에서 둔감력을 기를 수 있습니다. **자신이 소심하다고 생각하는 사람일수록 한번 시도해 보기 바랍니다.**

- -

👀

이 부분이 포인트!

감사할 수 있는 부분에 초점을 맞출 것

- -

6

평소에 자신을 채우자

　여러분은 평소에 자신이 원하는 것이나 유쾌해지는 일을 자신에게 해주고 있나요? 아니면 자신에게 인내를 강요하는 편인가요? 여기서 말하는 자신에게 인내를 강요하는 상태를 쉽게 설명해보죠.

　예를 들어 평소 인간관계에서 상대는 아무런 요구도 하지 않았는데 무조건 타인을 우선시하며 자신의 요구를 나중으로 미루지 않나요?

　혹은 속옷이나 신발처럼 몸에 걸치는 것을 살 때나 평소에 식사할 때 '실은 이런 걸 입고 싶다', '사고 싶다', '먹고 싶다'와 같은 자신의 감각이나 욕구를 외면하고 '이거면 됐어'라고 대수롭지 않게 여기며 아무거나 사거나 대충 끼니를 때우지 않나요?

평소에 인내하는 버릇이 있거나 자신의 감각이나 욕구에 둔감한 채 소비 행동을 하고 있다면 분명 자신을 충족시키지 못하고 아끼지도 못하는 상황이 일상이 됩니다. 이러한 사람이 다른 사람과의 협상에서 자신이 만족할 만한 결과, 납득할 수 있는 결론을 얻는 것이 과연 가능할까요?

그러므로 평소에도 자신을 가능한 범위에서 충족시키는 것이 매우 중요합니다. 자신을 '충족시킨다'는 것은 '하고 싶다', '먹고 싶다'와 같은 있는 그대로의 자신이 원하는 것을 깨닫고 그 욕구를 실현하는 것입니다.

아주 사소한 것이라도 상관없습니다. 평소에 사용하는 소품이나 일용품 등을 스스로 '이거다!'라고 생각되는 것으로 채워 나가는 겁니다. 이 정도라면 경제적으로도 부담이 되지 않을 겁니다.

그 밖에도 예를 들어 아침에 음악을 들으며 갓 내린 커피를 마시는 습관도 좋습니다. 그 순간 형언할 수 없는 행복을 느끼는 무언가를 자신에게 주면 큰 행복감을 맛볼 수 있습니다. 제

경우에는 목욕탕에서 가서 사우나와 암반욕으로 시간을 신경
쓰지 않고 즐기는 일이 그렇습니다.

　자신이 원하는 것이 무엇인지 모르는 사람도 있을 겁니다.
그렇다면 자신이 하기 싫은 일, 싫어하는 것을 리스트화하여
제외해 나가는 것부터 시작해 보세요.
　이와 같이 평소에 '충족된' 상태에 민감해져 그 상태를 즐기
게 되면 협상에서 다음과 같은 이점이 있습니다.

· 평소에 자신의 욕구에 민감하기 때문에 협상에서도 자신이
　원하는 포인트를 알 수 있다.
· 자신이 원하는 조건이 좁혀져서 상대와 충돌할 포인트가
　줄어든다.
· 자신의 요구에 충실하기 때문에 요구에 충실한 상대에게도
　관용을 베풀게 된다.
· 평소에 만족을 추구하는 습관이 있기 때문에 협상에서도
　만족할 만한 결과를 이끌어낼 수 있다.

　그러나 평소에 충족되어 있다고 느끼지 못하는 사람은 결핍
감정이 강해 협상할 때도 '좀 더 충족시키고 싶다'는 마음에 집착

합니다. 그러다 자신의 생각대로 협상이 진행되지 않으면 느닷
없이 감정적으로 치우쳐 그 감정을 상대에게 드러내기도 합니
다.

상대도 태도가 경직되어 협상은 난항을 겪게 되고, 결국 서
로가 원하지 않은 상황이 펼쳐지게 되겠죠.

또 평소에 인내하는 버릇이 있으면 협상에서도 자신의 바람
이나 요구를 억누르기 때문에 협상 자체가 원만하게 마무리되어
도 실제로는 납득이 가는 결과를 얻지 못하고 끝나 버리기도 합
니다.

이러한 사람은 자신이 유쾌해지는 것에 죄의식을 느끼거나
필요 이상으로 조화로움을 추구하여 상대에게 친절을 베푸는 경
향이 있을 겁니다. 이렇게 말하는 저도 실은 그런 경향이 있었습
니다.

지금까지 자신을 충족시켜 주지 않았던 사람이나 자신을 충
족시키는 일에 서투른 사람은 자신에게 '만족해도 된다'고 허
락해 주세요.

자신을 가장 소중히 여길 수 있는 것은 오직 자신뿐입니다.

작은 것이라도 좋으니 자신에게 건강함과 소소한 행복을 많이 선물해 주세요. 그러면 협상에서 이야기를 풀어나가는 방법도 내용도 달라질 겁니다. 그리고 그 결과는 자신이 원하는 방향으로 달라질 수 있습니다.

👀

이 부분이 포인트!

자신을 충족시켜야 타인도 충족시켜 줄 수 있다.

마치며

✳

마지막까지 읽어 주셔서 고맙습니다. 이 책을 읽은 독자 여러분이 최선의 결과를 얻을 수 있기를 바랍니다.

협상은 단순히 이기고 지는 것이 아니라 서로의 만족도를 달성하기 위해 양호한 커뮤니케이션을 취하는 공동 작업입니다. 따라서 다양한 각도에서 사안을 보는 것이 중요하다고 생각합니다.

'음지와 양지 중 양지만', '선과 악 중 선만', '장점과 단점 중 장점만'과 같이 한쪽에만 치우치면 제대로 사안을 파악할 수 없습니다. 이들은 표리일체의 관계이므로 양쪽을 받아들이고 널리 포용해야만 흔들리지 않는 축을 세울 수 있습니다. 그리고 흔들리지 않는 축을 가진 여러분에게 협상 상대도 좋은 인상을 받아 결과적으로 알찬 성과를 손에 넣을 수 있을 거라고 믿습니다.

이 책은 협상술을 주제로 한 책이지만, 실은 협상뿐 아니라 더 넓은 인생의 여러 국면에서 일어나는 일들에 현명하게 대처할 수 있도록 돕기 위한 지식과 스킬을 담고 있습니다.

자신의 '내면을 정리하고' 타인의 이야기를 '귀담아들음'으로써 자신을 둘러싼 바깥의 현실이 달라지는 경우를 흔히 볼 수 있습니다. '부부 관계가 저절로 개선되었다', '다가가기 어려웠던 상사와 대화할 수 있게 되었다', '문제를 일으키던 직원이 제 몫을 하게 되었다'와 같이 실제로 현실에 변화가 생깁니다.

자신과 주위를 받아들이고 허용하게 되면 인간으로서의 여유가 생기고 생활이 점점 더 풍요로워지는 것을 실감할 수 있습니다. 아무쪼록 이 책에 소개된 내용을 커뮤니케이션의 한 방법으로 실천해 보기 바랍니다.

마지막으로 이 책을 출판하기까지 많은 분들이 도움과 협조를 주셨습니다. 집필 내용을 제안하고 조언해 주신 넥스트서비스주식회사의 마쓰오 아키히토 님, 오사와 하루코 님, 미야카와 나오키 님, 편집을 담당해 주신 일본실업출판사의 야스무라 준 님을 비롯한 모든 분에게 이 자리를 빌려 진심으로 감사의 말씀을 드립니다.

그리고 긴 시간 동안 집필 활동을 지켜봐 준 아내와 먼 곳에서 응원해 주신 부모님께 감사드립니다. 고맙습니다.

호사카 코스케